Tagungsdokumentation

Die Ernährung der Weltbevölkerung – eine ethische Herausforderung

Deutscher Ethikrat

Die Ernährung der Weltbevölkerung – eine ethische Herausforderung

Vorträge der Jahrestagung des Deutschen Ethikrates 2011

Herausgegeben vom Deutschen Ethikrat

Vorsitzende: Prof. Dr. Christiane Woopen
Jägerstraße 22/23 • D-10117 Berlin
Telefon: +49/30/20370-242 • Telefax: +49/30/20370-252
E-Mail: kontakt@ethikrat.org
www.ethikrat.org

Layout: Torsten Kulick
Umschlaggestaltung: BartosKersten Printmediendesign, Hamburg
Titelillustration: Dirk Biermann
Druck: AZ Druck und Datentechnik GmbH, Berlin

ISBN 978-3-941957-38-1

INHALT

Vorwort

Seit der allgemeinen Menschenrechtserklärung der Vereinten Nationen von 1948 ist das Recht auf Nahrung jedes Menschen von der Weltgemeinschaft anerkannt. Der Gedanke der Schutzverantwortung, der in den letzten Jahren als ein neu entstehendes völkerrechtliches Prinzip Bedeutung gewann, verpflichtet jedes Land und die internationale Staatengemeinschaft dazu, geeignete Maßnahmen zu ergreifen, um die längerfristige und nachhaltige Nahrungssicherheit für alle Menschen zu gewährleisten. Dennoch leidet weltweit fast eine Milliarde Menschen an Hunger oder Mangelernährung. Die Gründe dafür sind vielfältig. Sie reichen von temporären Naturkatastrophen oder einer zunehmenden Wasserknappheit in vielen Regionen der Erde bis zu strukturellen Ursachen wie der Massenarmut, der mangelhaften medizinischen Grundversorgung und unzureichenden ökonomischen Rahmenbedingungen in vielen Entwicklungsländern. Die Hoffnung, das Problem der Welternährung auf dem Wege einer grünen Revolution durch eine neue Saatgut-Dünger-Technologie zu lösen, hat sich in den vergangenen Jahrzehnten leider nicht erfüllt. Zwar konnte auf diesem Weg die Nahrungsmittelproduktion vor allem in Asien gesteigert werden, doch führte dies keineswegs zu einer generellen Verbesserung der Welternährungslage. Vielmehr entstanden neue strukturelle Widersprüche, die zu einer Verschärfung der Lage beitrugen. Viele Entwicklungsländer stehen vor dem Dilemma, dass niedrige Nahrungsmittelpreise, die durch die Agrarexporte der reichen Industrienationen gefördert werden, zwar der armen Bevölkerung zugutekommen, aber zugleich den örtlichen bäuerlichen Erzeugerbetrieben den Anreiz zur Produktion über den eigenen Subsistenzbedarf hinaus nehmen. Der Agrarprotektionismus der reichen Industrienationen, die ihre Agrarüberschüsse durch hoch subventionierte Exporte abbauen und dadurch die Preise auf dem Weltmarkt drücken, behindert den Aufbau lokaler Erzeugerstrukturen, die den Menschen der armen Länder durch ein ausreichendes Erwerbseinkommen die aktive Beteiligung am gesellschaftlichen Leben erlauben. Ungeachtet der moralischen Verpflichtung, in aktuellen Hungerkrisen Nothilfe zu leisten, sollte die reine Nahrungsmittelhilfe deshalb durch eine umfassende Agrarhilfe ergänzt werden, die die Abhängigkeit von Kleinbauern von westlichen Nahrungsmittelkonzernen mindert und die lokale Eigenproduktion fördert.

Im Verlauf der öffentlichen Jahrestagung, die der Deutsche Ethikrat dem Problem der ausreichenden Welternährung widmete, wurde aus der Mitte des Publikums immer wieder die Frage gestellt: Was können wir tun, um das Recht aller Menschen auf ausreichende, gesunde Ernährung zu sichern? Die in diesem Band dokumentierten Beiträge beschränken sich nicht darauf, die strukturellen Ursachen des Welthungers und ihre Interdependenz zu analysieren. Sie stellen auch Projekte privater und kirchlicher Organisationen vor, die an der Graswurzelebene ansetzen und die Fähigkeit der Menschen stärken, für sich selbst zu sorgen. Die Unterstützung solcher Hilfsorganisationen sowie eine Änderung des persönlichen Konsum- und Kaufverhaltens benennen Optionen, die jedem in seinem individuellen Umfeld offenstehen. Dauerhaft lösen lässt sich das Problem des Welthungers jedoch nur, wenn in den reichen Industrienationen die Bereitschaft möglichst vieler Menschen steigt, sich für die Ziele der Entwicklungsförderung und Armutsbekämpfung in den armen Ländern einzusetzen und diesen faire Welthandelsbedingungen einzuräumen, die zu einer langfristigen Ernährungssicherheit führen können.

Eberhard Schockenhoff
Mitglied des Deutschen Ethikrates

HANS RUDOLF HERREN

Nahrungssicherheit in einer Welt unter Stress – wie soll's weitergehen?

Gegenstand meines Beitrags sind der Weltagrarbericht (*International Assessment of Agricultural Science and Technology for Development*)[1], der im April 2008 in Johannesburg vorgestellt wurde, und die wichtigsten Erkenntnisse und Schlüsse, die daraus zu ziehen sind. Er ist ein bisschen die Mutter aller Berichte über die Landwirtschaft. Sechs Jahre wurde an diesem Bericht gearbeitet, 400 Autorinnen und Autoren waren daran beteiligt, Agrarwissenschaftler, aber auch Sozialwissenschaftler, Leute aus der Zivilgesellschaft wie aus dem Privatsektor und aus allen Teilen der Welt. Dirigiert wurde der Prozess von einem Büro mit 60 Personen, je zur Hälfte Delegierte von Regierungen und Vertreter der Zivilgesellschaft. Zusammen mit Judi Wakhungu, Leiterin des *African Centre for Technology Studies*, hatte ich den Vorsitz dieses Projekts inne.

Derzeit ist fast eine Milliarde Menschen unterernährt und ebenso viele übergewichtig. In den ländlichen Räumen grassiert Armut, die Ungleichheit in der Welt hat sich verschärft. Derweilen verschlechtert sich die natürliche Basis für die Nahrungsmittelproduktion – fruchtbare Böden, Wasser, Biodiversität – anhaltend.

Wie konnte es so weit kommen? Wir blickten 50 Jahre zurück und suchten nach den Ursachen für die heutigen Probleme. Welche Rolle spielten dabei Agrarwissenschaft und -technologie? Und wir schauten in die Zukunft und fragten uns, wie Wissenschaft, Technologie und traditionelles Wissen dazu beitragen können, die neun bis zehn Milliarden Menschen, die Mitte dieses Jahrhunderts die Welt bevölkern

---

1   Vgl. IAASTD 2009a.

werden, ausreichend zu ernähren, die Armut zu lindern, die Lebensumstände auf dem Land zu verbessern und eine gerechte und nachhaltige Entwicklung zu fördern.

Die Nahrungsmittelkrise steht im Kontext zu anderen Krisen: der Wasserkrise, der Umweltkrise, der Finanzkrise, der Gesundheitskrise. Schaut man genau hin, zeigt sich, dass all diese Krisen miteinander verknüpft sind. Deshalb ist ein holistischer Ansatz erforderlich, um die bestehenden Probleme zu lösen. Man kann nicht einfach etwas herauspicken und dafür einzeln ein Rezept finden, weil dann die anderen Probleme weiter wachsen.

Die natürlichen Ressourcen der Erde sind begrenzt. Wir müssen von den Zinsen leben, die sie abwerfen und dürfen das Kapital nicht aufbrauchen. Doch genau Letzteres tun wir heute: Im Oktober ist der Zins für das ganze Jahr bereits verbraucht – während der restlichen Monate verzehren wir Kapital. Und jährlich verschiebt sich dieser Termin um fast eine Woche nach vorne. Wir haben unseren Wohlstand im Grunde genommen auf der Plünderung der natürlichen Ressourcen aufgebaut. Das Ergebnis ist, dass diese rasch schrumpfen. Hier stellt sich nun wirklich eine ethische Frage: Wer profitiert von diesem Kapital und wer muss in den nächsten Jahrzehnten bis Jahrhunderten für den Raubbau von heute büßen? Wir möchten, dass es mit der Menschheit weitergeht – deshalb kann es nicht so weitergehen wie bisher.

Das ist – in Bezug auf die Landwirtschaft – auch die Quintessenz des Weltagrarberichts: Die Rezepte von gestern taugen nicht mehr. Es braucht einen fundamentalen Kurswechsel in der Agrarpolitik – hin zu einer ökologischen, multifunktionalen Landwirtschaft, die nicht den höchsten, aber den nachhaltig möglichen Ertrag anstrebt, Böden und Gewässer schont sowie die natürliche Bodenfruchtbarkeit und die Biodiversität erhält und fördert.

In letzter Zeit wurde eine Reihe von Berichten über die Landwirtschaft und Nahrungsmittelsicherheit publiziert.[2] Dabei wurde die Hauptthese, die wir aufgestellt haben, zunehmend dünner. Viel Wasser wurde in den Wein geschüttet. Vor allem zwei Thesen des Weltagrarberichts passten den Vertretern der Agroindustrie und manchen Politikern nicht. Das betrifft zum einen den freien Handel, den wir stark kritisiert haben. Die Liberalisierung des Agrarhandels kann für die Entwicklungsländer nur positive Auswirkungen haben, wenn diese als gleichwertige Akteure mitspielen können. Das ist zurzeit nicht der Fall.

Der andere Streitpunkt bezieht sich auf die Biotechnologie. Hier gingen und gehen die Meinungen sehr stark auseinander. Um die Diskussion über Nutzen und Gefahren der Gentechnik in der Nahrungsproduktion zu versachlichen, haben wir eine Vielzahl von Studien wissenschaftlich ausgewertet. Das Fazit: Für die Hungernden hat die Gentechnik derzeit wenig bis nichts zu bieten. Auch mittelfristig kann sie – wenn überhaupt – höchstens geringfügig dazu beitragen, die Ernährungssituation

---

2   Vgl. u. a. World Bank 2007; UNEP 2009; Development Fund 2010.

der Menschheit zu verbessern. Hingegen verfestigt sie tendenziell Anbausysteme, die nicht nachhaltig sind.

Der Weltagrarbericht äußert sich pointiert zu den Fehlentwicklungen der industriellen Landwirtschaft. Dabei kommt die bisherige Agrarforschung schlecht weg. Das gefiel nicht allen. Man hat mich, der ich selbst 27 Jahre in der Agrarforschung gearbeitet habe, als Nestbeschmutzer beschimpft.

Bestätigt wurde unsere These dafür im Bericht von Olivier De Schutter, dem Sonderbeauftragten der Vereinten Nationen für das Recht auf Ernährung, bei der UNO-Generalversammlung vom 20. Dezember 2010.[3] Auch er setzt auf Agrarökologie, um die Probleme der Nahrungsmittelsicherheit anzugehen, und betont, dass wir eine ökologische Landwirtschaft betreiben müssen, die sich an der Natur orientiert und nicht gegen sie arbeitet.

Kommen wir zu den Schlüsselerkenntnissen des Weltagrarberichts. Eine erste Erkenntnis betrifft die Einschätzung der grünen Revolution. Diese zielte darauf ab, mit wenigen Hochertragssorten und dem forciertem Einsatz von Dünger, Wasser und Pestiziden das Maximum aus den Böden herauszuholen. Die in unserem Bericht geäußerte Kritik an diesem Konzept ist mancherorts missverstanden worden. Dabei erkannten wir durchaus an, dass die grüne Revolution auch Gutes bewirkt hat. Mit ihr war es gelungen, die Nahrungsmittelproduktion massiv zu steigern. 2003 war diese pro Kopf rund ein Drittel höher als 1960.[4] Die Entwicklung hat sich bis in die Gegenwart fortgesetzt.

Dennoch gibt es immer mehr unterernährte Menschen. Zurzeit sind es 925 Millionen und das ist schlicht nicht akzeptabel. Die grüne Revolution hat dieses Problem nicht gelöst. Vielleicht ist sie gar ein Teil davon. Denn von ihr profitierten nur jene Bauern, die sich die landwirtschaftlichen Hilfsmittel leisten konnten. Viele Kleinbauern trieb die Abhängigkeit von den teuren Inputs – Saatgut, Düngemittel, Pestizide – in die Schuldenfalle. Sie mussten aufgeben und zogen in die Elendsviertel der Städte.

Zudem ist die durch die grüne Revolution geförderte industrielle Landwirtschaft nicht nachhaltig. Sie ist abhängig von Dünger, Maschinen und Pestiziden, die letztlich alle auf Erdöl beruhen. Die Erdölvorräte gehen zur Neige. In den nächsten 50 bis 100 Jahren werden wir uns überlegen müssen, wie die Landwirtschaft ohne diesen Stoff funktionieren soll.

Knapp wird auch das Wasser. Zwischen 1950 und 1990 hat sich die bewässerte Landfläche nahezu verdreifacht.[5] Heute gehen 70 Prozent des globalen Süßwasserverbrauchs auf das Konto der Landwirtschaft.[6] In verschiedenen Regionen der Welt

---

3   Vgl. UN Human Rights Council 2010.
4   Vgl. Millennium Ecosystem Assessment 2005, 104 (Abb. A.1).
5   Vgl. Brown 1996 (zitiert nach: Der Bund, vom 1.10.1996).
6   Vgl. IAASTD 2009a.

ist die Übernutzung der Wasservorkommen zum Problem geworden. Die Grundwasserspiegel sinken rapid.

Weiter ist die industrielle Landwirtschaft Mitverursacherin des Klimawandels. Ihr entstammt ein Drittel der zivilisationsbedingten Treibhausgasemissionen.[7] Die Klimaerwärmung wird massive Auswirkungen auf die Nahrungsmittelproduktion haben. Bei einer Zunahme der mittleren Temperaturen um 1 °C bis 3 °C erwartet der Weltklimarat noch einen leichten Anstieg des landwirtschaftlichen Ertragspotenzials in den kühlen und gemäßigten Zonen. Steigen die Temperaturen indessen stärker, dürften die Erträge auch hier gebietsweise sinken. In den wärmeren Zonen, insbesondere in den tropischen und saisonal trockenen Gebieten, wird hingegen bereits eine Erwärmung um 1 °C bis 2 °C das Ertragspotenzial mindern.[8] In Indien, in weiten Teilen Asiens, Lateinamerikas und Australiens – in Gebieten, wo heute sehr viel produziert wird – könnten die Erträge bis 2080 um 15 bis 50 Prozent schrumpfen. Auch für Afrika sind die Prognosen düster.[9]

Global betrachtet dürfte eine Erwärmung des Erdklimas um 1 °C bis 3 °C noch leicht positive Auswirkungen auf die landwirtschaftliche Produktion haben. Steigen die Temperaturen indessen stärker, was wahrscheinlich ist, könnte das Plus in den kälteren Regionen das Minus in den wärmeren wohl nicht mehr kompensieren.

Ein weiterer Schlüsselbefund des Weltagrarberichts betrifft den Zustand der Böden. Die Kleinbauern der Entwicklungsländer haben nicht genug Geld, um ihre Böden richtig zu ernähren und sie zu verbessern. In der industriellen Landwirtschaft wiederum werden zu viele schwere Maschinen und zu viel Chemie eingesetzt, die Fruchtfolgen sind zu klein, das heißt, dass zu wenig verschiedene Feldfrüchte angebaut werden mit dem Resultat, dass man oft nur noch zwei verschiedene Kulturpflanzen anbaut statt mindestens drei oder mehr und – wo es angebracht ist – mit einem zweijährigen Wiesenanbau. Von den weltweit fünf Milliarden Hektar, die der Landwirtschaft zur Verfügung stehen, sind deshalb 1,9 Milliarden Hektar bereits mehr oder weniger stark degradiert.[10]

In den letzten 50 Jahren ist die Biodiversität zu drei Vierteln für die Landwirtschaft verloren gegangen. Damit schwinden die Basis der Pflanzenzucht und die Resilienz der Systeme. Es gilt daher unbedingt zu erhalten, was noch übrig ist. Das ist nicht einfach, weil die Gebiete, in denen Landwirtschaft betrieben wird, oft auch die Hotspots für Biodiversität bilden.

Pro Person und Tag werden heute 4.600 Kilokalorien essbare Nahrung produziert. Damit könnten wir 14 Milliarden Menschen ernähren. Indessen gehen schon bei der Ernte 600 Kilokalorien verloren und 1.200 Kilokalorien werden an Vieh verfüttert.

---

7   Vgl. UNEP 2011, 50.
8   Vgl. IPCC 2007, 48.
9   Vgl. UNEP 2009, 46 (Abb. 18).
10 Vgl. IAASTD 2009a; Harder 2008.

Hinzu kommen die Verluste bei der Verteilung und Verarbeitung. Es bleiben 2.000 Kilokalorien, die beim Konsumenten auch tatsächlich ankommen.[11] Hier besteht viel Spielraum, um besser zu arbeiten. Die Ernährungs- und Landwirtschaftsorganisation der Vereinten Nationen betrachtet eine Reduktion der Verluste entlang der Produktions- und Konsumkette um 50 Prozent als realistisches Ziel.[12]

Während in den Entwicklungsländern 40 Prozent der Verluste in der Landwirtschaft anfallen, gehen diese in den Industrieländern hauptsächlich auf das Konto der Konsumenten. In den USA und in England landen 50 Prozent der gekauften Nahrungsmittel im Müll.[13] Offenbar sind sie hier zu billig. Man wirft das Gold nicht in den Eimer.

Dies führt uns zur Frage der Nahrungsmittelpreise, einer weiteren Grundfrage der Agrarpolitik. Die reichen Industriestaaten könnten sich teurere Nahrungsmittel problemlos leisten. Dann wären unsere Bauern auch bessergestellt. Anders stellt sich das Problem in den Entwicklungsländern. Der rasante Anstieg der Nahrungsmittelpreise in den letzten Jahren führte hier gebietsweise zu Hungerrevolten. Zurzeit ist daher auch nicht die ungenügende Produktion, sondern die Unerschwinglichkeit der Nahrung die Hauptursache des Welthungerproblems. Trotzdem wäre es falsch, die Nahrungsmittel in den Entwicklungsländern billig zu halten, denn dies ginge auf Kosten der Bauern. 2,6 Milliarden Menschen leben von der Landwirtschaft, die weitaus meisten in Armut. Erhalten sie zu wenig Geld für ihre Produkte, fehlt ihnen auch der Anreiz, die Produktion zu steigern. Das Dilemma der Nahrungsmittelpreise in den Entwicklungsländern zu lösen, ist eine Herausforderung für Ökonomen.

Eine weitere Kernaussage des Weltagrarberichts besteht darin, dass die Staaten zu wenig in die landwirtschaftliche Forschung investieren. Man überließ dies in letzter Zeit zunehmend der Industrie. In den Industrieländern waren die Investitionen des Privatsektors im Jahr 2000 um 20 Prozent höher als diejenigen des Staates.[14] Das hat zur Folge, dass auch die Ergebnisse der Industrie gehören und patentiert werden. Für Nahrungsmittel ist dies nicht akzeptabel. Nahrung ist ein Menschenrecht. Deshalb muss der Staat die Agrarforschung finanzieren.

Fazit: Es gibt eine große Kluft zwischen Landwirtschaft und Umwelt. Unsere Landwirtschaft ist nicht umweltgerecht. Es gibt auch eine Kluft zwischen den Konsumenten und den Bauern. Der Konsument will weniger bezahlen, der Bauer muss mehr Geld haben. Und dann gibt es noch eine Kluft zwischen Erkenntnis und politischen Konsequenzen. Ich weiß nicht, ob sich die Politiker die Auswirkungen ihrer Entscheide für die Zukunft wirklich überlegen. Man hat das Gefühl, ihr Zeithorizont reicht nur bis zu den nächsten Wahlen.

---

11   Vgl. UNEP 2011, 47 (Abb. 9a-b).
12   Vgl. UNEP 2011, 36.
13   Vgl. IAASTD 2009a.
14   Vgl. IAASTD 2009b, 26 (Abb. SR-P4).

Die politische Forderung des Weltagrarberichts ist klar: Es bedarf einer radikalen Umstellung der Agrarpolitik, eines neuen Paradigmas für die Landwirtschaft – und dies sowohl in den Entwicklungsländern wie auch in den Industriestaaten. Wir brauchen eine Landwirtschaft, die Probleme an ihren Ursachen anpackt und nicht mit kurzfristigen Lösungen verdeckt, die ihre externen Kosten internalisiert und dazu beiträgt, das Klimaproblem zu lindern, statt es zu verschärfen. Wir brauchen eine Landwirtschaft, die die Menschheit ernährt, nicht füttert und zu mehr Wohlstand führt.

Ein zentrales Paradigma einer solchen Landwirtschaft ist die Multifunktionalität. Sie steckt schon im Wort „Agrikultur", das sich aus zwei Begriffen zusammensetzt. Die Landwirtschaft hat eine ökonomische, eine soziale und eine ökologische Dimension. Bäuerliche Einkommen, Handel, Tradition, Gender, Biodiversität, Bodenfruchtbarkeit, Klima – das hängt alles zusammen, und die Landwirtschaft ist mittendrin. Wir müssen die drei Dimensionen integrieren. Wir müssen auf die Kultur und die Tradition, die mit der Landwirtschaft verbunden sind, zurückgreifen und das Wissen der Bauern mit moderner Wissenschaft und modernen Technologien zusammenbringen. Und wir müssen die vielfältigen Leistungen, die eine multifunktionale Landwirtschaft erbringt, auch gerecht abgelten. Dazu bieten sich etwa Finanzierungsmechanismen über die internationale Biodiversitätspolitik oder über die Klimapolitik an, wenn die Landwirtschaft so betrieben wird, dass ihr Anteil an den Treibhausemissionen sinkt oder das genutzte Land gar als Kohlendioxidsenker wirkt.

70 Prozent der globalen Nahrungsmittelproduktion entfallen auf 525 Millionen Kleinbetriebe.[15] Sie gilt es in erster Linie zu stärken. Die Kleinbäuerinnen und -bauern sind in der Lage, die Menschen in den Entwicklungsländern zu ernähren. Doch sie müssen durch passende politische Rahmenbedingungen darin bestärkt und unterstützt werden.

Kleinkredite können ihnen das Kapital vermitteln, das sie für eine angepasste Mechanisierung, die Verbesserung der Böden, für Saatgüter und landwirtschaftliche Hilfsmittel benötigen. Die Tätigkeit auf dem Feld muss erleichtert werden, etwa durch kleine Maschinen, damit bäuerliche Arbeit wieder Freude und nicht nur den Rücken kaputt macht.

Erforderlich sind auch Investitionen in die ländliche Infrastruktur sowie in den Ausbau der Verkehrswege, der Gesundheitsversorgung, der Schulen und der Energieversorgung. Die Wertschöpfung der Nahrungsmittelproduktion muss erhöht werden. Es bedarf einer Industrie zur Verarbeitung der landwirtschaftlichen Produkte, die Arbeitsplätze schafft und die Kaufkraft erhöht. Es kann nicht sein, dass weitere 1,5 bis zwei Milliarden Menschen vom Land in die Städte vertrieben werden.

Wichtig ist auch ein besserer Marktzugang – innerhalb des Südens, aber auch vom Süden in den Norden. Wo Straßen, Eisenbahnen, Kommunikationsnetze fehlen, ist

---

15   Vgl. UNEP 2011, 41.

es schwierig, landwirtschaftliche Güter auf den Markt zu bringen. Und selbstverständlich geht es auch nicht, dass Industrieländer ihre hoch subventionierten Überschüsse zu Dumpingpreisen in den Entwicklungsländern verhökern.

20 bis 70 Prozent der Arbeit auf den Feldern und nach der Ernte leisten Frauen. In vielen Entwicklungsländern nimmt dieser Anteil tendenziell zu. Ausgerechnet die Frauen sind aber in mannigfacher Hinsicht benachteiligt. Sie verdienen weniger und haben schlechteren Zugang zu Bildung und Ressourcen. Ihre Position muss aufgewertet werden und sie müssen stärker in den ganzen Produktionsprozess einbezogen werden.

Die Agrarforschung muss sich neu ausrichten. Wir brauchen eine nachhaltigkeitsorientierte, breit angelegte und multidisziplinäre Forschung. Erhaltung der Bodenfruchtbarkeit, Förderung der Sortenvielfalt, Entwicklung angepasster Sorten, Sanierung degradierter Böden oder biologischer Pflanzenschutz sind darin die Kernthemen. Im Hinblick auf den Klimawandel braucht es bessere Bewässerungstechniken, die einen effizienteren Einsatz von Wasser ermöglichen ebenso wie neu gezüchtete, trockenheitsresistente Pflanzensorten. Die Forschung muss sich an den Bedürfnissen der Kleinbauern orientieren und deren traditionelles Wissen mit einbeziehen.

Die Gentechnik werde alle Probleme lösen, will uns die Agroindustrie weismachen. Aber das stimmt natürlich nicht. Alles, was mit ihr bisher gemacht wurde, ist Symptombehandlung. So wie Schädlinge Resistenzen gegen Insektizide entwickelten, tun sie dies neuerdings gegen das Toxin, das gentechnisch veränderte Bt-Pflanzen selber produzieren. Das war vorauszusehen. Wir müssen uns von dem Glauben an solche *quick fixes*, die nur Symptome behandeln, lösen. Wir müssen der Sache auf den Grund gehen, die Landwirtschaft als System betrachten und alle Sektoren zusammen anschauen.

Die Möglichkeiten des biologischen Pflanzenschutzes sind bei Weitem nicht ausgeschöpft. Um sie zu nutzen, sind zusätzliche Investitionen in Forschung, Ausbildung und Praxis erforderlich. Auch um die Erträge zu erhöhen, braucht es keine Gentechnik. In den Landsorten steckt ein riesiges Potenzial dafür. Wir können, wenn wir es richtig machen, mit Lokalsorten im Reisanbau ebenso hohe Erträge erzielen wie das *International Rice Research Institute* in den Philippinen mit seinen hochgezüchteten Varianten.

Man kann auch den Anbau von Mischkulturen mit Leguminosen fördern, das habe ich selbst in Afrika getan. Ich kenne Beispiele, bei denen der Maisertrag mit diesen Methoden um das Vier- bis Zehnfache gesteigert werden konnte, ohne Mineraldünger. Und zugleich wird Futter für die Kühe produziert, das Unkraut und Insekten bekämpft, der Boden von Erosion geschützt und der Gehalt des Bodens an organischem Material erhöht, was nicht nur die Bodenfruchtbarkeit erhöht, sondern auch die Wasseraufnahmekapazität.

Es gibt viele solcher Beispiele. Zahlreiche Projekte in den Tropen und Subtropen belegen, dass sich hier die Erträge mit biologischen Anbaumethoden um 50 bis 150 Prozent steigern lassen. Der Schlüssel liegt in der Bodenfruchtbarkeit. Hier müssen wir ansetzen, hier braucht es auch neue Herangehensweisen in der Forschung.

Bisher wurde wenig bis nichts getan, um die Produktion in den Kleinbetrieben zu erhöhen. Zwischen 1970 und 2000 sind deren Erträge denn auch nur unwesentlich gestiegen.[16] Warum wird das riesige Potenzial, das in ihnen steckt, nicht ausgeschöpft? Weil es dazu bessere Methoden braucht, die der Bauer anwenden muss, und nicht Produkte, die ihm die Industrie verkaufen kann. Für Letztere lässt sich so nichts verdienen. Auch das zeigt, dass die Staaten sich in Sachen Agrarforschung stärker engagieren müssen. Bisher wurde die ökologisch orientierte Agrarforschung bereits fast ausschließlich mit öffentlichen Geldern finanziert, in hohem Maße auch von der Deutschen Gesellschaft für Internationale Zusammenarbeit.

Verantwortungsvolle Regierungsführung (*good governance*) muss gefördert werden. Wenn im Süden zu wenig in die landwirtschaftliche Forschung und in die Ausbildung der Bauern investiert wird, ist das keine *good governance*. Doch auch die Industriestaaten sind hier gefordert. Exportsubventionen für Nahrungsmittel zeugen nicht von Verantwortungsbewusstsein. Sie untergraben im Zielland die Nahrungssicherheit, weil sie da die Bauern unfairer Konkurrenz aussetzen und auf diese Weise die Produktion abwürgen. Die Industriestaaten müssen ihre Subventions- und Handelspolitik überdenken.

Der im Hinblick auf den Erdgipfel 2012 (Rio+20) vom Umweltprogramm der Vereinten Nationen publizierte „Green Economy Report" zeigt in seinem Landwirtschaftskapitel Ansätze und Wege auf, wie der vom Weltagrarrat postulierte Kurswechsel in der Agrarpolitik vollzogen werden könnte. Das UN-Umweltprogramm plädiert für dauerhafte Investitionen von zwei Prozent der globalen Wirtschaftsleistung, um den Übergang in eine kohlenstoffarme, ressourceneffiziente Weltwirtschaft einzuleiten. Davon müssten jährlich 198 Milliarden US-Dollar – oder 0,16 Prozent des weltweiten Sozialprodukts – in die Landwirtschaft fließen.[17] Zu verwenden wären die Gelder für die Regeneration degradierter Böden, die Förderung von diversifizierten Betrieben mit Pflanzenanbau und Viehhaltung, den Kampf gegen Erosion, effiziente Bewässerungssysteme, biologische Schädlingskontrolle, Maßnahmen für einen erleichterten Marktzugang für die Kleinbäuerinnen und Kleinbauern und eine Verminderung der Verluste zwischen Ernte und Konsum.

Die Autoren des Landwirtschaftskapitels modellierten die zu erwartende Entwicklung der Landwirtschaft unter diesen Voraussetzungen bis zum Jahr 2050. Dieses „grüne" Szenario wurde dem „braunen" gegenübergestellt, bei dem die gegenwärtige

---

16 Vgl. World Bank 2002, 128.
17 Vgl. UNEP 2011, 61.

Agrarpolitik unverändert fortgeführt würde. Die Überlegenheit des Nachhaltigkeitsszenarios ist eindrücklich. Es ermöglicht eine Steigerung der Nahrungsmittelverfügbarkeit von derzeit täglich 2.800 auf ausreichende 3.200 Kilokalorien pro Kopf; es schafft 47 Millionen mehr Jobs im ländlichen Raum, als mit dem „braunen" Szenario zu erwarten wären, und hilft so wirksam, die Armut zu lindern; und es kommt mit weniger Wasser aus als heute, wogegen das „braune" Szenario zu einem um 40 Prozent höheren Bedarf führen würde; statt 25 Millionen Hektar müssten jährlich nur noch sieben Millionen Hektar Wald abgeholzt werden[18]; und die Landwirtschaft wäre 2050 netto kein Treibhausgasemittent mehr.

Ein Schlusswort: Wir müssen umdenken. Wir können nicht Probleme mit derselben Denkweise lösen, mit der wir sie geschaffen haben. Die geforderte neue Denkweise muss eine ethische sein. Denn wenn es um die Nahrung geht, geht es um Menschen, um die Zukunft, um die Welt. „Business as usual" ist keine Option.

Literatur

Brown, L. R. (1996): Tough choices. Facing the challenge of food scarcity. New York; London.

Development Fund (Hg.) (2010): A viable food future. Oslo.

Harder, W. (2008): Die Landwirtschaft als Schlüsselsektor der Zukunft. In: Umwelt, 2/2008, 10–11.

IAASTD International Assessment of Agricultural Knowledge, Science and Technology for Development (Hg.) (2009a): Global report. Washington.

IAASTD International Assessment of Agricultural Knowledge, Science and Technology for Development (Hg.) (2009b): Synthesis report. A synthesis of the global and sub-global IAASTD reports. Washington.

IPCC Intergovernmental Panel on Climate Change (Hg.) (2007): Climate change 2007. Synthesis report. Genf.

Millennium Ecosystem Assessment (Hg.) (2005): Ecosystems and human well-being. Synthesis. Washington.

UN Human Rights Council (Hg.) (2010): Report submitted by the Special Rapporteur on the right to food (A/HRC/16/49).

UNEP United Nations Environment Programme (Hg.) (2011): Towards a green economy. Pathways to sustainable development and poverty eradication. Arendal.

UNEP United Nations Environment Programme (Hg.) (2009): The environmental food crisis – the environment's role in averting future food crises. A UNEP rapid response assessment. Arendal.

World Bank (Hg.) (2007): Agriculture for development. World development report 2008. Washington.

World Bank (Hg.) (2002): World development indicators 2002. Washington.

---

18   Vgl. UNEP 2011, 61 ff.

BERNHARD EMUNDS

Wirtschaftsethische Bemerkungen zu den Pflichten, die dem Menschenrecht auf Nahrung entsprechen

Im vorliegenden Beitrag geht es um ein angemessenes Verständnis der Pflichten, die aus dem Menschenrecht auf Nahrung folgen. Einleitend wird nicht nur der Inhalt des Menschenrechts knapp skizziert, sondern auch die Unterscheidung in innergesellschaftliche und transnationale Pflichten. Dann werden diese Verpflichtungen als gemeinsame politische Verantwortung beschrieben, strukturelle Ungerechtigkeit zu überwinden. Vor diesem Hintergrund werden Versuche kritisiert, die transnationalen Verpflichtungen der Menschen in den Industrieländern primär als Pflicht zu spenden zu begreifen. Zentral für die dauerhafte Verwirklichung des Menschenrechts auf Nahrung ist eben nicht die Übertragung von Einkommen von der nördlichen in die südliche Hemisphäre, sondern sind gesellschaftliche und internationale Strukturen, in denen die Menschen selbst ihren Lebensunterhalt erwirtschaften können. Vor dem Hintergrund, dass weit über die Hälfte der Unterernährten selbst in der Agrarwirtschaft arbeiten, wird schließlich angedeutet, was diese einfache Einsicht für die Entwicklungspolitik und für Reformen der Weltwirtschaft bedeuten könnte.

Dringliche Pflichten zwischen den Gliedern einer Gesellschaft und zwischen allen Menschen

Das Menschenrecht auf Nahrung bedeutet: Jeder Mensch soll einen verlässlichen Zugang zu Nahrung haben, die nicht nur ausgewogen ist, sondern auch angemessen,

19

das heißt seiner Kultur und seinen natürlichen Lebensumständen entsprechend. Das Menschenrecht auf Nahrung fordert, dass niemand unter- oder mangelernährt sein soll. An Unterernährung leiden derzeit etwa eine Milliarde Menschen; ihnen und den unzähligen Menschen, die *nicht sicher* über ausreichend proteinhaltige und energiereiche Nahrung verfügen, wird das Menschenrecht auf Nahrung vorenthalten.

Das Menschenrecht auf Nahrung ist Teil des Subsistenzrechtes: Jeder Mensch soll über alle Ressourcen verfügen, deren er bedarf, um dauerhaft überleben zu können. Wenn wir uns als Menschen verstehen, dann erkennen wir an, dass wir unverlierbare Rechte, die Menschenrechte, haben, und wir nehmen uns wechselseitig in die Pflicht, gemeinsam dafür zu sorgen, dass diese Rechte auch für alle garantiert sind. Für die Verwirklichung des Menschenrechts auf Subsistenz reicht es allerdings nicht aus, dass wir uns verpflichten, niemanden zu schädigen. Es geht nicht nur um negative Pflichten, also Unterlassungspflichten, sondern auch um positive Pflichten, das heißt Pflichten, etwas zu tun, hier: zur Verwirklichung des Subsistenzrechts für alle Menschen beizutragen.

Aus der Perspektive einer ethischen Reflexion der Politik betrachtet, verpflichtet das Menschenrecht auf Nahrung zuerst einmal den Staat: Er muss das Recht auf Nahrung achten (*respect*), schützen (*protect*) und erfüllen (*fulfill*): Er *achtet* es, indem er allen Gliedern der Gesellschaft den Zugang zu ausreichend angemessener Nahrung nicht erschwert. Er *schützt* es, indem er verhindert, dass ihnen andere Akteure dieses Unrecht antun. Schließlich *erfüllt* er es, nicht nur indem er in Notfällen die benötigten Nahrungsmittel bereitstellt, sondern auch dadurch, dass er den Zugang aller Gesellschaftsglieder zu Nahrung erleichtert. Letzteres bedeutet, dass er ihre Fähigkeiten fördert und ihre Chancen verbessert, für den eigenen Lebensunterhalt zu sorgen.[1] Entsprechend dieser politisch-ethischen Perspektive ist es sinnvoll, die Pflichten, sich für die Realisierung des Menschenrechts auf Nahrung einzusetzen, zuerst einmal innerhalb der jeweiligen Gesellschaft, insbesondere bei den Bürgerinnen und Bürgern des politischen Gemeinwesens zu „lokalisieren". In einer „moralischen Arbeitsteilung" sind dann die Bürgerinnen und Bürger der jeweiligen Gesellschaft dafür verantwortlich, dass niemand von ihnen unter Hunger oder Mangelernährung leidet. Sie nehmen sich wechselseitig dafür in die Pflicht und bedienen sich zur Erfüllung dieser Pflicht der staatlichen Institutionen. Aber die Glieder einer Gesellschaft sind nicht selten überfordert, das Menschenrecht auf Nahrung für alle Teile der Gesellschaft zu verwirklichen: Die politischen Institutionen sind zum Beispiel unterentwickelt oder es mangelt an Ressourcen – aufgrund strukturell verfestigter Misswirtschaft und Korruption oder weil die Wirtschaft des Landes keinen entwicklungsförderlichen Platz in der internationalen Arbeitsteilung gefunden

---

1   Vgl. De Schutter 2009, 7 f.; zum Hintergrund der Trias vgl. Shue 1980, 52 f.

hat. Aus solchen oder anderen Gründen der Überforderung, und weil zumindest in der Gegenwart sozialer Wandel in einer Gesellschaft nur selten von internationalen Veränderungen unabhängig ist, sind durch die Verletzung des Menschenrechts auf Nahrung in einem Land immer auch die Menschen jenseits der Landesgrenzen in die Pflicht genommen.

Dieser positiven transnationalen Pflicht, sich für die Realisierung des Menschenrechts auf Nahrung einzusetzen, kann man noch durch den Hinweis auf korrektive Gerechtigkeit Nachdruck verleihen. Dazu könnte man Argumentationsgänge aufgreifen, die unter anderem Thomas Pogge in seinen Schriften entwickelt hat: Wir, die meisten Menschen in den Industrieländern, profitieren in hohem Maße von den bestehenden globalen wirtschaftlichen (bzw. wirtschaftsrechtlichen) Strukturen; die meisten Menschen in den Entwicklungsländern leiden dagegen unter diesen Strukturen oder diese erschweren es ihnen, die eigene Gesellschaft so zu entwickeln, dass die Menschenrechte für alle voll verwirklicht werden. Mit diesen extrem ungleichen Wirkungen der globalen Strukturen ist ein erheblicher Korrektur- oder zumindest doch Kompensationsbedarf verbunden.[2] Unabhängig davon, wie man die dem Menschenrecht auf Nahrung entsprechenden Handlungspflichten nun begründet, die Verwirklichung dieses Menschenrechts ist, da es um das nackte Überleben geht, besonders dringlich. Insofern kommt auch den Pflichten, die ihm entsprechen, eine besondere Dringlichkeit zu.

Pflichten angesichts struktureller Ungerechtigkeit

Bei der Aufgabe, für alle Menschen das Menschenrecht auf Nahrung zu verwirklichen, geht es nicht um die Beseitigung von Leid, das auf einzelne, eindeutig identifizierbare Handlungen oder Unterlassungen bestimmter individueller Akteure zurückzuführen wäre, sondern um die Überwindung struktureller Ungerechtigkeit. Bestehende wirtschaftliche Strukturen sind ungerecht, weil sie Menschen – und zwar Millionen von Menschen – den Zugang zu angemessener Nahrung in ausreichender Menge verwehren. Tatsächlich muss heute ja niemand deshalb hungern oder unter Mangelernährung leiden, weil es auf der Erde zu wenige Ressourcen gäbe. Prinzipiell ist es möglich, für alle Menschen weltweit genügend Nahrungsmittel in ausreichender Qualität und Diversität zu produzieren. Dass Menschen unter- oder mangelernährt sind, ist in der Gegenwart eben nicht zuerst eine Frage unzureichender Mengen, sondern ein Problem der Armut. Hungernde und Mangelernährte sind fast immer zu arm, um die entsprechenden Lebensmittel zu kaufen oder – falls sie Kleinbauern sind – um in der Produktion der Nahrungsmittel für den Eigenbedarf

---

2   Vgl. Pogge 2010a, 85 f.; ders. 2010b, 296 f.

ausreichend produktiv zu sein. Dass Hunger in Armut gründet, bedeutet, dass er auf wirtschaftliche Strukturen zurückgeht: auf wirtschaftliche Strukturen in den Entwicklungsländern und auf Strukturen der Weltwirtschaft, in die diese Entwicklungsländer integriert sind.

Strukturelle Ungerechtigkeit ist dadurch charakterisiert, dass sie nicht durch eine einzelne Handlung beziehungsweise durch eine eindeutig identifizierbare Gruppe von Handlungen verursacht wird und dass es sachlich nicht angemessen wäre, einen einzelnen Akteur oder bestimmte einzelne Akteure allein dafür verantwortlich zu machen. Strukturelle Ungerechtigkeit geht vielmehr auf eine Vielzahl von Interaktionen sehr vieler Akteure zurück, die weithin nach Regeln ablaufen, in denen diese Regeln aber auch durch die Beteiligten bruchstückhaft verändert und weiterentwickelt werden können. Ungerechtigkeit ist mit solchen regelgeleiteten Interaktionen dann verbunden, wenn einige Gruppen stark von ihnen profitieren, während andere darunter leiden, weil ihre Handlungs- und Entfaltungsmöglichkeiten immer weiter eingeschränkt werden.[3]

So wie strukturelle Ungerechtigkeit nicht auf nur eine Handlung oder auf nur einige klar identifizierbare Handlungen zurückgeführt werden kann, so ist es auch unmöglich, eine einzelne Handlung, einige Handlungen oder einen Typus von Handlungen zu identifizieren, durch die alleine das mit struktureller Ungerechtigkeit verbundene Leid beseitigt werden könnte. Die Einsicht, dass Hunger und Mangelernährung Phänomene struktureller Ungerechtigkeit sind, hat deshalb eine missliche Konsequenz für die Eigenschaften jener Pflichten, die dem Menschenrecht auf Nahrung entsprechen und oben als besonders dringlich charakterisiert wurden. Da es bei der Verwirklichung des Menschenrechts auf Nahrung um die Überwindung struktureller Ungerechtigkeit geht, sind die diesem Recht entsprechenden Pflichten ziemlich unbestimmt.[4] Es bleibt – zumindest solange keine sozialwissenschaftlichen Analysen rezipiert werden – unklar, was im Einzelnen von wem gefordert ist. Es geht eben nicht nur darum, dass bestimmte Akteure eine bestimmte Handlung vollziehen oder unterlassen oder einzelne klar benennbare Schritte einleiten sollen, um Hungernde und Mangelernährte aus ihrer Misere zu retten. Zur Überwindung oder Verringerung der Not bedarf es struktureller Veränderungen, nämlich Reformen der Weltwirtschaft und der Entwicklungszusammenarbeit. Solche Reformen liegen in der gemeinsamen politischen Verantwortung aller Beteiligten – wobei die verschiedenen Gruppen der Beteiligten für das Zustandekommen solcher Reformen unterschiedlich stark in die Pflicht genommen sind.[5]

---

3   Die Ausführungen zu struktureller Ungerechtigkeit in Anschluss an Young 2010, die ihrerseits auf Anthony Giddens' Konzept der Strukturierung Bezug nimmt.
4   Vgl. Mieth 2010.
5   Vgl. Young 2010; Mieth 2010.

Keine Engführung auf eine Pflicht zu spenden

Bei nicht wenigen Beiträgen zur philosophisch-ethischen Debatte über globale Gerechtigkeit, extreme Armut und Hunger[6] scheint es bezüglich der Pflichten, die aus dem Menschenrecht auf Nahrung folgen, eine Neigung zu einfachen Lösungen zu geben. Peter Singer zum Beispiel, der allerdings utilitaristisch und nicht menschenrechtlich argumentiert, kommt in seinem bereits 40 Jahre alten Diskussionsbeitrag zu einer Pflicht zu spenden.[7] Auch die beeindruckenden menschenrechtsethischen Argumentationsgänge Thomas Pogges laufen auf die Forderung hinaus, einen erheblichen Teil des Volkseinkommens in den Industrieländern umzuverteilen, das heißt das Einkommen der Menschen in den Ländern des Nordens jährlich um Hunderte Milliarden US-Dollar zu reduzieren und dieses Geld den Armen in den Ländern des Südens zur Verfügung zu stellen.[8] Wenn diese Forderungen, die Hilfsgelder zu vervielfachen, sachlich überzeugten und somit entwicklungsökonomisch als Lösung des Welthunger- bzw. Weltarmutsproblems einleuchten könnten, dann gäbe es tatsächlich eine klar bestimmte Pflicht, die als einzige aus dem Menschenrecht auf Nahrung folgen würde: nämlich die Pflicht, zugunsten der Armen in den Entwicklungsländern zu spenden oder eben sich für den Aufbau einer globalen Umverteilungsbehörde einzusetzen, die Einkommen aus den Industrieländern abzieht und in die Entwicklungsländer leitet, damit es dort den Armen zugutekommt.

Nun gibt es sicher Notzeiten wie die aktuelle Hungerkatastrophe in Ostafrika, in denen schnelle Nahrungsmittelhilfe, für die vor allem die Menschen in den Industrieländern aufkommen sollten, das Gebot der Stunde ist. Eine derartige Soforthilfe beseitigt jedoch nicht die strukturellen Ursachen von Hunger. So ist aus mehreren, sehr triftigen Gründen zu bezweifeln, dass es eine einfache, monetäre Lösung des Welthungerproblems gibt und dass folglich eine entsprechende, eindeutig bestimmte Pflicht zu handeln aus dem Menschenrecht auf Nahrung abgeleitet werden kann. Drei dieser Gründe sollen hier aufgeführt werden:

» In den meisten Entwicklungsländern gibt es keine Behörden, die in der Lage wären, derart viel Geld jeweils an Millionen von Menschen auszuzahlen. In vielen Entwicklungsländern ist Korruption ein riesiges Problem, das sicher noch einschneidender würde, wenn die zu verwaltenden Gelder in Zukunft massiv steigen

---

6 Vgl. unter anderem die Sammelbände Bleisch/Schaber 2009 und Broszies/Hahn 2010. Einen instruktiven Überblick über die Diskussionen bietet zum Beispiel Hahn 2009.
7 Vgl. Singer 2009; auch Horster 2010, 13.
8 Das ist zumindest bei einem Teil der Veröffentlichungen Thomas Pogges sehr deutlich, zum Beispiel bei seinem früheren Vorschlag einer globalen Rohstoffdividende (Pogge 1999, 389 ff.). Vgl. aber auch Pogge 2010a, 75: „Eine Verschiebung von nur einem Prozent des weltweiten Haushaltseinkommens – etwa $ 350 Milliarden – würde die schlimmsten Deprivationen der ärmeren Hälfte der Menschheit vermeiden."

sollten. Auch Nichtregierungsorganisationen wären von der Aufgabe, solche Summen an die Armen zu verteilen, hoffnungslos überfordert.

»» In den Forderungen geht es um eine massive Ausweitung monetärer Ströme von der nördlichen in die südliche Hemisphäre. Aber umfangreichere Geldzuflüsse bedeuten erst einmal noch nicht, dass die Menschen in den Empfängerländern auch über mehr Güter verfügen können. Um überzeugende Lösungsvorschläge entwickeln zu können, muss man die monetären Ströme und die realwirtschaftlichen Prozesse auseinanderhalten – und untersuchen, wie sich die einen vermutlich auf die anderen auswirken. Umfangreichere Geldströme aus den Industrieländern bedeuten für die Entwicklungsländer erst einmal, dass sie zusätzliche Devisen einnehmen. Entscheidend ist, was mit diesen zusätzlichen Devisen geschieht. Vereinfacht – unter Ausblendung der Auslandsverschuldung – betrachtet, können die Menschen in den Entwicklungsländern damit vor allem mehr Produkte in den Industrieländern kaufen. Das ist für die Menschen in den Entwicklungsländern nicht unbedingt von großem und dauerhaftem Vorteil. Natürlich können die Empfänger der Devisen diese auch in heimisches Geld umtauschen; aber dieses Geld, das nun zusätzlich in der Volkswirtschaft in Umlauf käme, würde sich in nichts von Geld unterscheiden, das das Bankensystem des Landes (einschließlich der Zentralbank) über seine aktuelle Geldschöpfung hinaus schaffen würde.[9] Es wäre wie dieses zuerst einmal zusätzliches Geld ohne zusätzliche Wertschöpfung. Solches Geld muss nicht unbedingt die Inflation anheizen oder Preisblasen auf den Vermögensmärkten verursachen, sondern *kann* bei unterausgelasteten Kapazitäten über mehr Güternachfrage auch zu mehr Wertschöpfung im Empfängerland führen. Aber dafür bedarf es keiner großen Geldströme aus dem Norden; eine Ausdehnung der Geldschöpfung durch das heimische Bankensystem hätte in dem Entwicklungsland in etwa das gleiche Wirkungsprofil.

»» Die entwicklungspolitischen Erfahrungen der letzten Jahrzehnte zeigen, dass extreme Armut – und mit ihr eben auch Hunger und Mangelernährung – dauerhaft nur überwunden wird durch eine steigende Wertschöpfung vor Ort *und* durch die Zunahme gerechter Formen der Erwerbsarbeit, über die breite Bevölkerungskreise an dieser steigenden Wertschöpfung partizipieren. Die Internationale Arbeitsorganisation hat diese Erfahrungen in ihrem Konzept eines arbeitsintensiven Wachstums auf den Punkt gebracht.[10] Bei ihr steht dabei häufig die abhängige Beschäftigung im Vordergrund. Im Bereich der Landwirtschaft geht es darüber hinaus auch um die systematische Förderung produktiver Formen der familienbäuerlichen Agrarproduktion.[11]

---

9   Ausführlicher: Emunds 2000, 340 ff.
10 Vgl. ILO 2002; dies. 2003.
11 So eine zentrale Aussage des Weltagrarberichts. Vgl. dazu neben dem Beitrag von Hans Rudolf Herren auch Zukunftsstiftung Landwirtschaft/Stiftung Eine Welt – Eine Zukunft 2009.

Gemeinsame Verantwortung für entwicklungs- und weltwirtschaftspolitische Reformen

Für konkretere Aussagen über die notwendigen Reformschritte ist das Faktum von grundlegender Bedeutung, dass weltweit über die Hälfte derjenigen, die Hunger leiden, Kleinbauern und weitere 20 Prozent Landarbeiter sind.[12] Ausgerechnet besonders viele derjenigen, die in der Agrarwirtschaft erwerbstätig sind, haben also keinen sicheren Zugang zu angemessener Nahrung. Sie sitzen gewissermaßen an den Quellen, können diese aber, weil sie zu arm sind, nicht richtig nutzen. Insofern liegt die zentrale ökonomische Herausforderung im Kampf gegen Hunger und Mangelernährung darin, dass die Landwirtschaft in den Entwicklungsländern produktiver wird *und* dass breite Kreise der Landbevölkerung an den dadurch steigenden agrarwirtschaftlichen Einkommen partizipieren. Zur Bewältigung dieser Herausforderung können die Bürgerinnen und Bürger der Industrieländer vor allem dadurch beitragen, dass sie ihre Regierungen zu entwicklungs- und weltwirtschaftspolitischen Reformen drängen. Die Entwicklungszusammenarbeit muss stärker auf die Förderung der familienbäuerlichen Agrarwirtschaft (unter anderem durch den Aufbau von Genossenschaften) und eine entsprechende Entwicklung des ländlichen Raums ausgerichtet werden. Zugleich ist der globale Agrarhandel so zu gestalten und sind die transnationalen Agrarkonzerne so zu „lenken", dass sie zum Wachstum sowohl der landwirtschaftlichen Wertschöpfung in den Entwicklungsländern als auch des Einkommens der armen Landbevölkerung beitragen.

Diese Reformperspektive kann in viele Richtungen konkretisiert werden: unter anderem mit Bemerkungen zur notwendigen Produktivitätssteigerung in der Landwirtschaft[13], zur Lenkung und gegebenenfalls Beschränkung großer ausländischer Direktinvestitionen in die Agrarwirtschaft[14], zur Förderung der ländlichen Entwicklung[15], zum Abbau der europäischen und nordamerikanischen Agrarsubventionen, aber auch zum Schutz der Landwirtschaft in den Entwicklungsländern vor Importfluten und vor der ruinösen Konkurrenz durch hochproduktive Agrarkonzerne aus den Industrieländern[16] sowie zu Finanzinvestments auf Nahrungsmittelmärkten[17].

So sinnvoll und empfehlenswert es ist, erfahrene Organisationen der Entwicklungshilfe mit Spenden zu unterstützen, ist dies nicht *die* zentrale oder gar einzige Verpflichtung, die für die Bürgerinnen und Bürger der Industrieländer aus dem Menschenrecht auf Nahrung folgt. Mindestens ebenso bedeutsam ist die politische Verantwortung, mit anderen Worten: die Pflicht, sich für eine entsprechende

---

12 Vgl. De Schutter 2009, 11.
13 Vgl. Sachs 2008, 291 f.
14 Vgl. UN General Assembly 2010; Demele/Reichert [i. Ersch.].
15 Vgl. BMZ 2011.
16 Vgl. De Schutter 2009.
17 Vgl. Gilbert 2010.

Entwicklungs- und Weltwirtschaftspolitik zu engagieren. Um diese politische Verantwortung zu konkretisieren, bedarf es allerdings sozialwissenschaftlicher Analysen der weltwirtschaftlichen Zusammenhänge sowie landesspezifischer und regionaler Untersuchungen, die komplex und auf eine andere Weise als theoretische Grundlagenreflexionen für Irrtümer anfällig sind.

Literatur

Bleisch, B.; Schaber, P. (Hg.) (2009): Weltarmut und Ethik. Paderborn.

BMZ Bundesministerium für wirtschaftliche Zusammenarbeit und Entwicklung (Hg.) (2011): Entwicklung ländlicher Räume und ihr Beitrag zur Ernährungssicherung. Konzept (BMZ-Strategiepapier 1/2011). Bonn; Berlin.

Broszies, C.; Hahn, H. (Hg.) (2010): Globale Gerechtigkeit. Schlüsseltexte zur Debatte zwischen Partikularismus und Kosmopolitismus. Berlin.

De Schutter, O. (2009): International trade in agriculture and the right to food. Berlin et al.

Demele, M.; Reichert, W.-G. ([i. Ersch.]): Investitionen in Entwicklungsländern. Können CSR und SRI helfen, die Sozialpflichtigkeit des Eigentums durchzusetzen? In: Schumann, O. J.; Haker, H.; Schröter, M. (Hg.): Marktwirtschaft und Menschenrechte. Wirtschaftsethische Dimensionen und Herausforderungen. Tübingen.

Emunds, B. (2000): Die Beiträge verschiedener Akteure zur Entschärfung der externen Verschuldungsdynamik von Entwicklungsländern. In: Dabrowski, M.; Eschenburg, R.; Gabriel, K. (Hg.): Lösungsstrategien zur Überwindung der internationalen Schuldenkrise. Berlin, 339–348.

Gilbert, C. L. (2010): Speculative influences on commodity futures prices 2006–2008. Genf.

Hahn, H. (2009): Globale Gerechtigkeit. Eine philosophische Einführung. Frankfurt am Main; New York.

Horster, D. (2010): Einleitung. Weltarmut als moralisches Problem. In: Ders. (Hg.): Welthunger durch Weltwirtschaft. Hannah-Arendt-Lectures und Hannah-Arendt-Tage 2009. Weilerswist, 8–18.

ILO International Labour Organization (Hg.) (2003): Review of the core elements of the Global Employment Agenda (GB.286/ESP/1(Rev.)).

ILO International Labour Organization (Hg.) (2002): Poverty Reduction Strategy Papers (PRSPs). An assessment of the ILO's experience (GB.285/ESP/2).

Mieth, C. (2010): Weltarmut, soziale Menschenrechte und korrespondierende individuelle Pflichten. In: Horster, D. (Hg.): Welthunger durch Weltwirtschaft. Hannah-Arendt-Lectures und Hannah-Arendt-Tage 2009. Weilerswist, 36–55.

Pogge, T. (2010a): Weltarmut, Menschenrechte und unsere Verantwortung. In: Horster, D. (Hg.): Welthunger durch Weltwirtschaft. Hannah-Arendt-Lectures und Hannah-Arendt-Tage 2009. Weilerswist, 74–88.

Pogge, T. W. (2010b): „Armenhilfe" ins Ausland. In: Broszies, C.; Hahn, H. (Hg.) (2010): Globale Gerechtigkeit. Schlüsseltexte zur Debatte zwischen Partikularismus und Kosmopolitismus. Berlin, 263–301.

Pogge, T. (1999): Menschenrechte als moralische Ansprüche an globale Institutionen. In: Gosepath, S.; Lohmann, G. (Hg.): Philosophie der Menschenrechte. Frankfurt am Main, 378–400.

Sachs, J. D. (2008): Wohlstand für viele. Globale Wirtschaftspolitik in Zeiten der ökologischen und sozialen Krise. München.

Shue, H. (1980): Basic rights. Subsistence, affluence, and U.S. foreign policy. Princeton.

Singer, P. (2009): Hunger, Wohlstand und Moral. In: Bleisch, B.; Schaber, P. (Hg.): Weltarmut und Ethik. Paderborn, 37–51.

UN General Assembly (Hg.) (2010): The right to food. Report of the Special Rapporteur on the right to food (A/65/281).

Young, I. M. (2010): Verantwortung und globale Gerechtigkeit. Ein Modell sozialer Verbundenheit. In: Broszies, C.; Hahn, H. (Hg.) (2010): Globale Gerechtigkeit. Schlüsseltexte zur Debatte zwischen Partikularismus und Kosmopolitismus. Berlin, 329–369.

Zukunftsstiftung Landwirtschaft; Stiftung Eine Welt – Eine Zukunft (Hg.) (2009): Wege aus der Hungerkrise. Die Erkenntnisse des Weltagrarberichtes und seine Vorschläge für eine Landwirtschaft von morgen. Hamm.

KURT GERHARDT

Ernährungssicherung und Ernährungssicherheit als ethische Herausforderung

Wenn es richtig ist, dass – wie Hans Rudolf Herren in seinem Beitrag schreibt – mit den Kalorien, die wir heute produzieren, eigentlich 14 Milliarden Menschen ernährt werden könnten und dass außerdem nach Angaben der Ernährungs- und Landwirtschaftsorganisation der Vereinten Nationen ein Drittel der weltweit produzierten Nahrungsmittel verschwendet wird, dann haben wir offensichtlich kein Angebots-, sondern ein Nachfrageproblem. Die Armen in den Ländern der Dritten Welt haben schlicht nicht genug Geld, um sich ausreichend Nahrungsmittel kaufen zu können.

Mit anderen Worten: Es geht – jedenfalls zurzeit – im Kern nicht um „Ernährungssicherung" in dem Sinne, dass genügend Nahrungsmittel zur Verfügung stehen, sondern um die wirtschaftliche Entwicklung der Armen. Wenn diese gelingt, haben sie auch genug zu essen.

Im Kontext unserer Hilfe für die Dritte Welt gibt es unterschiedliche Aspekte und Ziele von Entwicklung, aber vor allem kommt es auf wirtschaftliche Entwicklung an. Nur wenn diese vorankommt, können die Staaten Bildung, Gesundheit, soziale Sicherung und weitere Posten eigenständig finanzieren.

Die wirtschaftliche Lage der meisten Menschen in Subsahara-Afrika hat sich in den letzten Jahrzehnten kaum verbessert, trotz massiver Entwicklungshilfe. Deren überwiegendes Versagen geht vor allem auf Verstöße gegen das Subsidiaritätsprinzip zurück.

Dieses bedeutet, dass man denen, die sich selbst nicht helfen können, zu Hilfe eilt – aber nur im notwendigen Maße und nur so lange wie nötig, weil sonst das Gegenteil dessen bewirkt wird, was beabsichtigt ist: Abhängigkeit von Hilfe statt Unabhängigkeit.

Unsere Entwicklungshilfe, deren *raison d'être* es also ist, sich so bald wie möglich überflüssig zu machen, läuft schon ein halbes Jahrhundert. Sie hat sich derartig verselbstständigt, dass sie auf Ewigkcit angclcgt zu scin scheint. Von Beendigung redet niemand – wohlgemerkt der Entwicklungshilfe, nicht der akuten Nothilfe; für die gelten andere Regeln.

Die weitgehende Kopflosigkeit des Hilfewesens gilt auch für die Wahrnehmung der Wirklichkeit. Die sogenannten Tigerstaaten Ostasiens haben ihre Rolle auf dem Weltmarkt in den letzten Jahrzehnten enorm verstärkt, und zwar unter Bedingungen, die nicht nur nicht besser, sondern sogar ungünstiger waren als die, die heute etwa für afrikanische Länder gelten. Dennoch wird immer wieder behauptet – auch auf der Tagung des Deutschen Ethikrates –, die internationalen Handelsverhältnisse behinderten die wirtschaftliche Entwicklung der Dritten Welt, ja, sie machten sie unmöglich. Das ist Ideologie.

Zur Wirklichkeit gehört auch die vielleicht unangenehme Beobachtung, dass in Ostasien, der erfolgreichsten Entwicklungsregion, die meisten Staaten „Entwicklungsdiktaturen" waren und dass es in Afrika dafür auch ein Beispiel gibt: Präsident Paul Kagame in Ruanda regiert undemokratisch und respektiert die Pressefreiheit kaum, aber in keinem anderen Land Subsahara-Afrikas beurteilen ausländische Beobachter die Entwicklung unter anderem des Bildungs- und Gesundheitswesens und der Verwaltung so positiv wie in Ruanda.

Für ethische Erwägungen unterschiedlicher Richtungen gibt es viel Stoff.

THOMAS POGGE

Zum Menschenrecht auf Nahrung

Während wir am 26. Mai 2011 in Berlin über die Welternährung debattierten, bahnte sich in Afrika eine Hungerkatastrophe an. Schon im Juni hatte sich die tägliche Sterberate von gewöhnlich 0,5 auf 7,4 pro 10.000 erhöht.[1] Es ist nicht leicht, sich zu vergegenwärtigen, was solch sterile Zahlen bedeuten.

Moralisch von Bedeutung ist nicht nur, wie viele Menschen vorzeitig sterben, sondern auch, auf welche Weise sie ums Leben kommen. Ein Hungertod ist qualvoll und zieht sich über Wochen hin, in denen Menschen verzweifelt versuchen, sich von den ungenießbarsten Dingen zu ernähren, und alle erdenklichen Anstrengungen unternehmen, um sich und ihre Liebsten zu retten; dabei müssen sie zusehen, wie Familienmitglieder, Verwandte, Freunde und Spielkameraden dahinsiechen und schließlich erschöpft sterben. Obwohl wir Wohlhabenden das alles wissen, fällt es den meisten von uns leicht, sich mit diesen Hungertoden abzufinden, denn, so glauben wir, es ist ja die Natur – in diesem Fall eine Dürre –, die diese Katastrophe verursacht.

Wer diesen Gedanken beruhigend findet, der vergisst, dass eine Dürre in einer wohlhabenden Bevölkerung keinen Hunger auslöst: Marktnachfrage sorgt dafür, dass die benötigten Nahrungsmittel und Getränke importiert und herbeigeschafft werden. Andererseits sterben auch dort, wo mit der Natur alles in Ordnung ist, arme Menschen in riesiger Zahl an Unterernährung oder an Krankheiten, die durch

---

1 Siehe UN News Center: „UN steps up aid to victims of drought in Somalia", online im Internet: http://www.un.org/apps/news/story.asp?NewsID=39077 [21.9.2012].

Unterernährung mitbedingt sind: der Ernährungs- und Landwirtschaftsorganisation der Vereinten Nationen (*Food and Agriculture Organization of the United Nations*, FAO) zufolge über fünf Millionen Kinder pro Jahr.[2] Auch bei vielen Todesfällen, die offiziell auf Durchfall, Malaria, Atemwegsinfektionen, Masern, AIDS oder Schwangerschaftskomplikationen zurückgehen, spielt Unterernährung eine entscheidende Rolle. Unterernährung ist jedoch nicht der einzige Faktor gravierender Armut, der dafür sorgt, dass so viele Menschen unnötig sterben: Hinzu kommt fehlender Zugang zu medizinischer Versorgung, zu hygienischen sanitären Einrichtungen und zu sauberem Trinkwasser. Betrachtet man unter den offiziellen Todesursachen nur diejenigen, die fast ausschließlich oder sehr viel häufiger arme Bevölkerungen betreffen, dann zeigt sich, dass jährlich etwa 18 Millionen Menschen armutsbedingt sterben – das entspricht ungefähr einem Drittel aller menschlichen Todesfälle.[3] Dabei lässt diese Rechnung noch all diejenigen Todesfälle beiseite, die auf auch bei uns vorkommende Ursachen zurückgehen: So sterben auch arme Menschen etwa an Krebs, Diabetes, Herzversagen oder einem Schlaganfall – und dies oft viel früher als in unseren Breitengraden, weil sie keinen Zugang zu einer adäquaten medizinischen Versorgung haben. Diese Todesfälle sind bei den 18 Millionen nicht mitgezählt.

Armut ist in der modernen Welt kein Naturereignis, sondern wird sozial reproduziert und zwar in den letzten drei Jahrzehnten zunehmend und heute maßgeblich durch supranationale institutionelle Regelungen, die enormen Einfluss auf die weltweite Wohlstandsverteilung gewonnen haben. Um es klar zu sagen, eine große Verantwortung für das heutige riesige Armutsproblem liegt bei den Regierungen der mächtigeren Länder, die das supranationale Regelwerk untereinander aushandeln. Da diese Regierungen – die deutsche eingeschlossen – von uns als unsere Repräsentanten eingesetzt werden, sind es letztlich wir Bürger jener einflussreichen Staaten, die diese Verantwortung für das Weltarmutsproblem tragen. Dass sich die meisten Bürger keiner solchen Verantwortung bewusst sind, liegt daran, dass sie genaueren Nachforschungen über das Weltarmutsproblem aus dem Weg gehen und dass unsere Regierungen und die von ihnen dominierten internationalen Organisationen außergewöhnliche Anstrengungen unternehmen, die Wahrheit zu verschleiern. So können wir kollektiv Millionen von Menschen umbringen, ohne uns diesbezüglich im Mindesten schuldig zu fühlen.

---

2 Siehe FAO Media Center: „925 million in chronic hunger worldwide", online im Internet: http://www.fao.org /news/story/en/item/45210/icode [21.9.2012].

3 Die letzten genaueren Daten der Weltgesundheitsorganisation stammen aus dem Jahr 2004. Damals starben etwa 57 Millionen Menschen. Die häufigsten armutsbedingten Todesursachen waren: Durchfall (2.163.000) und Unterernährung (487.000), perinatale (3.180.000) und maternale Bedingungen (524.000), Kinderkrankheiten (847.000 – hauptsächlich Masern), Tuberkulose (1.464.000), Malaria (889.000), Meningitis (340.000), Hepatitis (159.000), andere Tropenkrankheiten (152.000), Atemwegserkrankungen (4.259.000 – hauptsächlich Lungenentzündung), HIV/AIDS (2.040.000) und Geschlechtskrankheiten (128.000). Vgl. WHO 2008, 54 ff. (Tab. A1).

Beim großen Welternährungsgipfel 1996 in Rom, bei dem fast alle Regierungen der Welt vertreten waren, wurde eine Erklärung verabschiedet mit dem Kernsatz:

"We pledge our political will and our common and national commitment to achieving food security for all and to an ongoing effort to eradicate hunger in all countries, with an immediate view to reducing the number of undernourished people to half their present level no later than 2015."[4]

Die Anzahl der Unterernährten wurde von der FAO damals mit 788 Millionen angegeben; das entsprach damals 17 Prozent der Bevölkerung der Entwicklungsländer. Es ist nicht gerade ambitioniert, sich mit einer so ungeheuerlichen Katastrophe 19 Jahre Zeit zu lassen – und sie dann bloß halbieren zu wollen. Wie würde man Franklin D. Roosevelt beurteilen, wenn er 1942 den Amerikanern und ihren Verbündeten vorgeschlagen hätte, die Befreiung Europas vom Faschismus binnen 19 Jahren zur Hälfte geschafft zu haben?

Inzwischen sind fünfzehn Jahre vergangen. Wie weit haben wir uns dem Ziel von „nur" 394 Millionen unterernährten Menschen angenähert? Gar nicht, lautet die Antwort. Im Gegenteil, die Anzahl chronisch unterernährter Menschen ist stetig gestiegen, bis sie im Jahre 2009 zum ersten Mal die Milliardengrenze durchstieß.[5] Für 2010 wurden 925 Millionen Unterernährte gemeldet[6], die erste Verringerung seit dem Gipfel im Jahr 1996.[7] Im laufenden Jahr (2011) wird, bei drastisch erhöhten Lebensmittelpreisen, die Anzahl chronisch unterernährter Menschen wohl wieder eine neue Rekordmarke setzen.[8]

Was ist die offizielle Reaktion darauf, dass sich die Welternährungssituation seit 1996 so dramatisch in die falsche Richtung entwickelt hat? *Eine* offizielle Reaktion war, die Zielvorgaben anzupassen. Diese kreative Kosmetik begann mit der Millenniumserklärung von 2000, die versprach, bis 2015 „den *Anteil* der Menschen, die Hunger leiden, zu halbieren".[9] Weil die Weltbevölkerung im Jahre 2015 rund 119 Prozent der Weltbevölkerung vom Jahr 2000 betragen wird, reicht es nach dieser Modifikation, die Anzahl der Hungernden auf 59,5 Prozent abzusenken, um eine Halbierung des Anteils zu erreichen. Da zudem die Anzahl der Hungernden im Vergleich zum Jahr 2000 auf 824 Millionen angestiegen war, ergab sich so ein neues Ziel

---

4   *Rome Declaration on World Food Security*, online im Internet. http://www.fao.org/docrep/003/w3613e /w3613e00.htm [21.9.2012].
5   Vgl. FAO 2010, 8.
6   Ebd.
7   Ebd., 9.
8   Inflationsbereinigt lag der FAO-Index der Nahrungsmittelpreise im Jahr 2011 durchweg über dem Höchststand, den er im Sommer 2008 kurz vor der Finanzkrise erreicht hatte. Siehe FAO Food Price Index, online im Internet: http://www.fao.org/worldfoodsituation/wfs-home/foodpricesindex/en [21.9.2012].
9   Millenniumserklärung der Vereinten Nationen, Absatz 19 (Hervorhebung nicht im Original), online im Internet: http://www.unric.org/html/german/mdg/millenniumerklaerung.pdf [21.9.2012].

für 2015 von rund 490 Millionen. Das Versprechen von Rom, die Anzahl chronisch unterernährter Menschen bis 2015 auf 394 Millionen abzusenken, wurde von der UNO-Vollversammlung durch das Versprechen von New York erneuert, das ein Absenken auf 490 Millionen in Aussicht stellte.

Im folgenden Jahr ist die Zielvorgabe noch weiter angepasst worden. Das passierte, als die Millenniumserklärung in die Millenniumsentwicklungsziele umgeschrieben wurde. Im ersten Millenniumsziel wird das Ausmaß der Unterernährung jetzt durch den Anteil der Hungernden an der (schneller wachsenden) Bevölkerung der Entwicklungsländer ausgedrückt.[10] Außerdem wird das Ziel dort zum Basisjahr 1990 in Beziehung gesetzt. Dadurch verlängert sich die Planperiode auf 25 Jahre (1990 bis 2015) in deren Verlauf die Bevölkerung der Entwicklungsländer auf 145 Prozent des Werts von 1990 anwächst. Also genügt jetzt eine Verringerung der Anzahl der Unterernährten auf 72,5 Prozent der Anzahl von 1990, um 2015 eine Halbierung der Unterernährung feiern zu können. Da 1990 843 Millionen chronisch unterernährte Menschen verzeichnet worden waren, darf diese Zahl im Jahr 2015 noch 611 Millionen betragen. Zusammenfassend ist daher festzustellen, dass das Versprechen, die Unterernährung bis 2015 zu halbieren, zweimal erneuert worden ist, und zwar so, dass die im Jahre 2015 noch zulässige Anzahl unterernährter Menschen von 394 Millionen auf 611 Millionen – also um 217 Millionen oder um 55 Prozent – heraufgesetzt wurde.[11]

---

10 Vgl. z. B. UN 2011, 15.
11 Ich habe damals alles Erdenkliche versucht, um die Massenmedien verschiedener Länder auf diese Zahlenmanipulation aufmerksam zu machen. Erfolgreich war ich nur bei der Frankfurter Rundschau, die mir einen kurzen Artikel zum Thema einräumte („Eine Frage des Willens", 12.2.2004, Seite 8). Der zuständige Redakteur der New York Times schrieb, dass diese Manipulationen für die Leser seiner Zeitung nicht von Interesse seien. Für eine detaillierte Analyse der Zahlenmanipulationen, auf den letzten Stand gebracht, siehe Pogge 2010a, 57 ff.

Periode	Chronisch unterernährte Menschen (Mio.)	Chronisch unterernährte Menschen als Prozentsatz der	
		Weltbevölkerung	Bevölkerung der Entwicklungsländer
1969 bis 1971	878	23,8	32,6
1979 bis 1981	853	19,2	25,3
1990 bis 1992	843	15,6	19,9
1995 bis 1997	788	13,6	17,0
2000 bis 2002	833	13,4	16,6
2005 bis 2007	848	12,9	15,2
2008	963	14,3	17,5
2009	1023	15,0	18,3
2010	925	13,4	16,6
2015 (Ziel)	394	6,7 (490 Mio.)	10,2 (611 Mio.)

Tab. 1: Anzahl und Anteil chronisch unterernährter Menschen (Daten von der FAO)

Nun ist klar, dass wir auch mit dieser neuen Zielvorgabe immer noch schlecht dastehen. Hier hilft eine zweite offizielle Reaktion, die unsere Aufmerksamkeit von den miserablen Hungerdaten abzulenken sucht. Viel prominenter als chronische Unterernährung ist im heutigen Diskurs die „extreme Armut", die die Weltbank etliche Male neu definiert hat. Diesen Definitionen gemeinsam ist die Idee, extreme Armut durch einen US-Dollar-Betrag in einem bestimmten Basisjahr zu definieren: einen Betrag, der dann – via Kaufkraftparitäten desselben Jahres und Verbraucherpreisindizes der verschiedenen Länder – in die Währungen aller Länder und Jahre umgerechnet werden kann. Der neuesten Definition zufolge sind die Mitglieder eines Haushalts genau dann extrem arm, wenn der Marktwert seines Konsums pro Person und pro Tag, in lokaler Währung ausgedrückt, weniger Kaufkraft hat, als 1,25 US-Dollar in den Vereinigten Staaten im Jahre 2005 besaßen.[12] Das prominenteste Millenniumsentwicklungsziel sieht vor, im Zeitraum von 1990 bis 2015 den *Anteil* extrem armer Menschen an der Bevölkerung der Entwicklungsländer zu halbieren – was (dank Bevölkerungswachstum) wieder darauf hinausläuft, in diesen 25 Jahren die *Anzahl* extrem armer Menschen um 27,5 Prozent zu senken.

Sehen wir uns den kürzlich erschienenen neuesten Bericht über die weltweiten Fortschritte in Richtung der Millenniumsziele an. Über die globale Entwicklung chronischer Unterernährung wird dort nur bis zum Zeitraum von 2005 bis 2007

---

12 Frühere Definitionen der Weltbank nahmen als Bezugsgrößen 1,02 (1985), 1,00 (1985) und 1,08 (1993) US-Dollar. Für eine ausführliche Kritik dieses Ansatzes siehe Pogge 2010a, 75 ff.

berichtet, die Zahlen für 2008, 2009 und 2010 fehlen.[13] Stattdessen werden gut aussehende Zahlen über die extreme Armut reproduziert, die, zumindest in Haushalten mit nur einer Einnahmequelle, eine stetig abnehmende Tendenz aufweisen.[14] Immerhin weist der UN-Bericht zu den Millenniumsentwicklungszielen ehrlich auf „das Spannungsverhältnis zwischen reduzierter Armut und fortbestehendem Hunger" hin.[15] Er erklärt diese auseinanderlaufenden Trends dann im Rekurs auf „die Mechanismen, die Zugang zu Nahrungsmitteln in den Entwicklungsländern steuern".[16] Was hier suggeriert wird, ist, dass zwar immer mehr Menschen genug Geld haben, ihre Grundbedürfnisse zu befriedigen, dass aber Versorgungsengpässe bestehen, sodass nicht genug Lebensmittel dorthin fließen, wo Marktnachfrage besteht.

Eine erheblich plausiblere Erklärung für das Auseinanderlaufen der beiden Trends ist, dass die Methode der Weltbank die Nahrungsmittelpreise marginalisiert. Die von der Weltbank zur Umrechnung verwendeten Verbraucherpreisindizes der verschiedenen Länder berücksichtigen die Preise aller in dem betreffenden Land konsumierten Waren (Güter und Dienstleistungen), und zwar so, dass jede Ware gemäß ihrem Anteil am nationalen Haushaltskonsum gewichtet wird. In ähnlicher Weise berücksichtigen die von der Weltbank verwendeten Kaufkraftparitäten die Preise aller in den verschiedenen Ländern konsumierten Waren, wobei jede Ware gemäß ihrem Anteil am internationalen Haushaltskonsum gewichtet wird. Die Methode der Weltbank nimmt also die Preise einer Unmenge von Waren wichtig, die zwar viel konsumiert werden, aber für die Armutsvermeidung keinerlei Bedeutung haben: zum Beispiel die Preise von Autos, Flugtickets, Stereoanlagen, Häusern und Computern. Völlig marginalisiert werden dadurch die Preise der wenigen Waren, die für Armutsvermeidung unerlässlich sind: vor allem die Preise von Grundnahrungsmitteln, Trinkwasser und elementarer medizinischer Versorgung.

Ich habe die enorme Größe der aus dieser Methode erwachsenden Fehler anderswo ausführlich dargelegt.[17] Hier will ich nur kurz anhand zweier Beispiele zeigen, wie diese Fehler zustande kommen. In jedem Land entwickeln sich die Preise verschiedener Waren unterschiedlich. So sind in den letzten fünf Jahren zum Beispiel die Preise von Grundnahrungsmitteln stark angestiegen, während sich die Preise elektronischer Geräte stark verringert haben. Der Verbraucherpreisindex ist ein gewichteter Mittelwert dieser unterschiedlichen Preisentwicklungen. Er mag binnen zweier Jahre um zehn Prozent ansteigen, auch wenn die Preise von Grundnahrungsmitteln sich verdoppeln. Wenn die Einkommen der ärmsten Bürger des Landes im selben Zeitraum um 20 Prozent angestiegen sind, dann wird die Weltbank eine Verringerung

---

13 Vgl. UN 2011, 15.
14 Ebd., 10.
15 "The disconnect between poverty reduction and the persistence of hunger" (ebd., 15).
16 "[T]he mechanisms governing access to food in the developing world" (ebd.).
17 Vgl. Pogge 2010a, 75 ff.

der Armut konstatieren, auch wenn die Armen mit ihrem Einkommen am Ende der Periode 40 Prozent weniger Essen kaufen können als zu Beginn.

Zweites Beispiel: Die Zusammensetzung des internationalen Haushaltskonsums verschiebt sich mit der Zeit in Richtung Dienstleistungen. Weltweit geben Menschen einen immer größeren Teil ihrer Einkommen für Dienstleistungen und einen immer geringeren Teil für Nahrungsmittel aus.[18] Durch diese Tendenzen erhalten die Preise von Dienstleistungen bei der Berechnung von Verbraucherpreisindizes und Kaufkraftparitäten immer größeres Gewicht, während das Gewicht der Preise von Nahrungsmitteln abnimmt. Weil die Preisdifferenzen (nach Marktwechselkursen berechnet) zwischen ärmeren und reicheren Ländern bei Dienstleistungen ganz besonders groß sind, hebt ihr zunehmender Anteil am internationalen Konsum die errechnete Kaufkraft der Währungen armer Länder an. Aber dadurch, dass die Wohlhabenden immer größere Anteile ihrer Einkommen für Dienstleistungen ausgeben und dass solche Dienstleistungen in armen Ländern sehr viel billiger sind, ist armen Menschen in armen Ländern nicht geholfen. Denn diese Menschen müssen ihre extrem knappen Ressourcen auf den Erwerb von Nahrungsmitteln konzentrieren, welche in armen Ländern zwar nach Marktwechselkursen billiger sind als in reicheren Ländern, aber dennoch durchschnittlich rund 50 Prozent *teurer*, als man nach den Kaufkraftparitäten der Weltbank annehmen sollte.[19] Mit der Weltbank davon auszugehen, dass dieser Nachteil durch außerordentlich billige Dienstleistungspreise ausgeglichen wird, ist bittere Ironie. Denn arme Menschen in armen Ländern können es sich gar nicht leisten, den international typischen Anteil ihrer Einkommen für Dienstleistungen auszugeben; für sie ist der Hinweis auf die bei ihnen vorherrschenden, außerordentlich niedrigen Dienstleistungspreise nur eine schmerzliche Erinnerung daran, wie unglaublich wenig sie für ihre Arbeit bezahlt bekommen.

Es ist jetzt klar, wie die Weltbank ein rosiges Bild stetig abnehmender Armut propagieren kann, während die Anzahl chronisch unterernährter Menschen unnachgiebig ansteigt. Die Weltbank berechnet die Kaufkraft armer Haushalte so, als kauften sie denselben Warenkorb wie Haushalte im Allgemeinen. Das verzerrt das Bild, denn in Wirklichkeit geben arme Haushalte einen sehr viel größeren Anteil ihrer knappen Einkommen für Nahrungsmittel aus und müssen das auch tun, um überleben zu können. Dadurch haben die Preise von Grundnahrungsmitteln eine weitaus größere Bedeutung im Leben armer Menschen, als ihnen in der Berechnung der von der Weltbank verwendeten Verbraucherpreisindizes und Kaufkraftparitäten zukommt. Die von der Weltbank verwendete Methode der Zählung armer Menschen und die

---

18 Das Engelsche Gesetz, benannt nach Ernst Engel, einem deutschen Statistiker und Ökonomen des 19. Jahrhunderts.

19 Vgl. Pogge 2010a, 213 f. (Endnote 127). Die Berechnungen dort basieren auf World Bank 2008, 28 ff. Es sind hier die von der Weltbank zugrunde gelegten Kaufkraftparitäten für „individual consumption expenditure by households" zu vergleichen mit den Kaufkraftparitäten für „food and non-alcoholic beverages".

darauf basierenden rosigen Trendmeldungen sind deshalb abzulehnen. Die glaub-
würdigsten Zahlen, die wir über die globale Entwicklung gravierender Armut haben,
sind die Zahlen der FAO, die zeigen, dass sich immer mehr Menschen nicht adäquat
ernähren können.

Wir können diesen Anstieg der Weltarmut besser verstehen, wenn wir uns anse-
hen, wie sich die globale Einkommensverteilung nach Marktwechselkursen in den
letzten Jahrzehnten entwickelt hat.[20]

Segment der Weltbevölkerung	Anteil am globalen Haushaltseinkommen 1988	Anteil am globalen Haushaltseinkommen 2005	Verhältnis zum globalen Durchschnittseinkommen 2005	Absolute Veränderung im Einkommensanteil 1988 bis 2005	Relative Veränderung im Einkommensanteil 1988 bis 2005
Die reichsten fünf Prozent	42,87	46,36	9x	+3,49	+8,1 %
Die nächsten 20 Prozent	46,63	43,98	2x	−2,65	−5,7 %
Das zweite Viertel	6,97	6,74	1/4	−0,23	−3,3 %
Das dritte Viertel	2,37	2,14	1/12	−0,23	−9,8 %
Das ärmste Viertel	1,16	0,78	1/32	−0,38	−32,8 %

Tab. 2: Globale Einkommensverteilung (Daten von Branko Milanovic, Weltbank)

Tabelle 2 zeigt zunächst einmal dramatische Einkommensunterschiede. Im Jahr
2005 betrug das globale Haushaltseinkommen pro Kopf gut 4.000 US-Dollar. Die
reichsten fünf Prozent der Menschheit hatten durchschnittlich mehr als das Neunfa-
che, die Menschen im untersten Viertel nur ein Zweiunddreißigstel dieses Betrags –
woraus sich ein Quotient dieser Durchschnittseinkommen von rund 300 zu 1 ergibt.

Die Tabelle zeigt weiterhin, dass diese Ungleichheit erst in der kürzlichen Glo-
balisierungsphase ihr extremes Ausmaß erreichte: Im Jahr 1988 hatte der Quotient
der Durchschnittseinkommen (die reichsten fünf Prozent versus das ärmste Viertel) noch 185 zu 1 betragen. Wir sehen, dass während dieser Globalisierungsperiode
nur die Reichen ihren Anteil nennenswert ausweiten konnten: Die reichsten fünf
Prozent erzielten einen Zugewinn von 3,49 Prozent des globalen Haushaltseinkommens. Die Ärmeren verloren Boden, die Ärmsten am meisten: Das ärmste Viertel

---

20 Die folgenden Daten stammen aus einem persönlichen Schreiben von Branko Milanovic, *Lead Economist* in
der Forschungsabteilung der Weltbank, vom 25.4.2010. Milanovic ist die führende Autorität für die Messung
von Ungleichheit. Siehe zum Beispiel seine Bücher „Worlds Apart" (2005) und „The Haves and the Have-
Nots" (2010).

der Menschheit büßte in nur 17 Jahren fast ein Drittel seines Anteils am globalen Haushaltseinkommen ein. In Anbetracht dieser Tatsache ist es nicht verwunderlich, dass die absolute Armut sich verschärft und dass gewinnorientierte Landbesitzer ihren Anbau eher auf Biotreibstoffe ausrichten als auf die Nahrungsmittelbedürfnisse armer Menschen.

Schließlich zeigt die Tabelle auch noch, dass das Weltarmutsproblem – trotz des von ihm produzierten unvorstellbar großen menschlichen Leidens und Sterbens – aus ökonomischer Sicht recht klein ist. Um es aus der Welt zu schaffen, hätten die reichsten fünf Prozent keine Opfer zu bringen brauchen. Allein der von ihnen in nur 17 Jahren erzielte Zuwachs ihres Anteils am globalen Haushaltseinkommen hätte ausgereicht, alle Einkommen der ärmeren Hälfte der Menschheit zu verdoppeln. Und ein Sechstel dieses Zuwachses hätte ausgereicht, der ärmeren Hälfte Anteilsverluste zu ersparen, das heißt ihren Anteil am globalen Haushaltseinkommen wenigstens auf dem Niveau von 1988 zu halten.[21]

Globalisierung heißt unter anderem, dass ein immer dichteres Netzwerk supranationaler Regelungen einen immer größeren Einfluss auf die globale Einkommensverteilung gewinnt. Diese sich konsolidierende globale Ordnung scheint – den Zahlen von Branko Milanovic zufolge – nicht besonders armenfreundlich zu sein. Dieser Verdacht lässt sich durch Zusatzüberlegungen zweier Art erhärten.

Überlegungen der ersten Art betreffen die Prozesse, durch die supranationale Regelungen formuliert und abgewandelt werden. Das sind Verhandlungen auf Regierungsebene, bei denen die mächtigeren Regierungen eine ganz erhebliche Überlegenheit an Verhandlungsmacht und Expertenwissen ins Spiel bringen. Diese Verhandlungen finden meistenteils unter Ausschluss der Öffentlichkeit statt, sodass sogar im Nachhinein unklar bleibt, welche nationalen Verhandlungspositionen welchen Einfluss auf das Verhandlungsergebnis gehabt haben. Unter solchen Bedingungen werden die Interessen der ärmeren Mehrheit der Weltbevölkerung ignoriert. Selbst wenn diese Menschen in einem der mächtigeren Entwicklungsländer (zum Beispiel Schwellenländer wie China oder Indien) leben, wird dessen Regierung dennoch eher die Interessen ihrer heimischen Eliten zu schützen suchen: die Interessen ihrer wichtigen Banken und Exporteure zum Beispiel und nicht die Interessen von Arbeitern, Kleinbauern und Arbeitslosen. Der Grund dafür ist, dass die Erstgenannten, nicht aber die Letztgenannten in der Lage sind, die Rolle ihrer Regierungen in internationalen Verhandlungen zu verstehen und diese Regierung dann auch mit detaillierten Forderungen und Vorschlägen zu beeinflussen und durch politische Unterstützung oder Opposition (etwa bei der nächsten Wahl) für ihre Verhandlungsergebnisse zu belohnen oder abzustrafen. Bei den meisten Regierungen von

---

21 Ich verwende das Wort „Opfer" umgangssprachlich. Ein Ökonom könnte einwenden, dass wir, wenn wir solche Zugewinnmöglichkeiten nicht voll ausgeschöpft hätten, „Opportunitätskosten" auf uns genommen und insofern doch ein Opfer gebracht hätten.

Entwicklungsländern fehlen nicht nur Anreize, die Interessen ihrer ärmeren Bürger zu vertreten, sondern auch politische Chancen. Sie haben einfach keine Möglichkeiten, die Ergebnisse internationaler Verhandlungen nennenswert zu beeinflussen. Das liegt an den schon seit Anfang der Kolonialzeit aufgelaufenen wirtschaftlichen Ungleichheiten: Indien ausgenommen, verfügen die *low income countries* (Länder mit geringem Einkommen) und *lower middle income countries* (Länder mit mittlerem Einkommen im unteren Bereich) der Welt zusammen nur über etwa die Hälfte der Wirtschaftsmacht der Europäischen Union oder der USA, obwohl diese Staaten mehr als die Hälfte der Weltbevölkerung stellen.[22]

Überlegungen der zweiten Art betreffen die konkreten Ergebnisse internationaler Verhandlungen: die supranationalen Regelungen, die bei solchen Verhandlungen beschlossen wurden, sowie auch potenzielle supranationale Regelungen, die nicht zustande kamen.

Obwohl der die Welthandelsorganisation begründende Vertrag als Initiative zur Schaffung freier und offener globaler Märkte gerechtfertigt wurde, haben die reichen Länder sich allerlei protektionistische Maßnahmen vorbehalten, die es ihnen erlauben, ihre Märkte durch Quoten, Zölle, Antidumpingabgaben, Exportkredite und Subventionen für heimische Produzenten auf Arten zu schützen, die armen Ländern nicht gestattet sind oder die diese sich nicht leisten können. Diese Maßnahmen werden von ansonsten status-quo-freundlichen Wirtschaftswissenschaftlern immer wieder scharf kritisiert.[23] Verschiedene Studien belegen, dass diese protektionistischen Maßnahmen ganz erhebliche Einkommenseinbußen in den armen Ländern verursachen und dadurch die Anzahl extrem armer Menschen um mehrere hundert Millionen anheben.[24]

Als Bedingung der Mitgliedschaft in der Welthandelsorganisation mussten die ärmeren Länder ihre Gesetze zum Schutz geistigen Eigentums verstärken und insbesondere für Medikamente Produktpatente mit einer Mindestlaufzeit von 20 Jahren einführen. Infolge dieser Regelung dürfen Firmen in den ärmeren Ländern jetzt keine generischen Versionen neuerer Medikamente mehr herstellen oder vertreiben. Diese Regelung ermöglicht es innovativen Pharmafirmen, ihre Medikamente jetzt auch an reiche Leute in den Entwicklungsländern teuer zu verkaufen. Die Kehrseite ist, dass die große Mehrheit der Bevölkerung dieser Länder dadurch von der Nutzung neuerer Medikamente ausgeschlossen wird, bis deren Patente endlich ablaufen. Dieser Ausschluss verschlimmert die unter armen Menschen ohnehin schon enorme

---

22 Vgl. World Bank 2011, 344 f.
23 Ein gutes Beispiel ist die Rede von Nicholas Stern, ehemaliger Chefökonom der Weltbank, am 19.11.2002 bei den *Munich Lectures in Economics* am *Center for Economic Studies* der Ludwig-Maximilians-Universität München (Stern 2002).
24 Vgl. UNCTAD 1999, IX; World Bank 2001, 168 ff.; Cline 2004, 180 (Abb. 4.1), 252 (Abb. 5.3), 255; Fernández de Córdoba/Vanzetti 2006, 28 (Abb. 12). Für eine ausführliche Diskussion dieser Handelshemmnisse und ihrer Auswirkungen siehe Pogge 2010b, 183 f.

Krankheitslast und wirkt sich auch negativ auf die Lebenserwartung armer Menschen aus.[25]

Während die Welthandelsorganisation, auf Drängen der reichen Länder, uniform hohe Standards zum Schutz intellektuellen Eigentums vorschreibt, bleibt der Schutz von Arbeitnehmern den einzelnen Ländern überlassen. Durch diese Nichtregelung werden arme Länder einem Konkurrenzkampf ausgesetzt mit dem Anreiz, durch besonders schwachen Arbeitnehmerschutz ausländische Investoren anzuziehen (*race to the bottom*). Das vorhersehbare Resultat sind entsetzliche Arbeitsbedingungen in den armen Ländern. Globale Minimalstandards zum Schutz von Arbeitnehmern könnten deren brutale Ausbeutung und Misshandlung erheblich verringern, ohne den Standortvorteil der armen gegenüber den reichen Ländern nennenswert zu beeinträchtigen. Aber solche globalen Minimalstandards sind (im Gegensatz zu denen, die geistiges Eigentum schützen) nur im Interesse armer Menschen und haben deshalb wenig Aussicht auf internationale Durchsetzung.

Erwähnenswert ist auch das Fehlen internationaler Regeln zur Korruptionsbekämpfung. Heute steht es reichen Ländern frei, ihren Banken zu erlauben, Einzahlungen von Amtsinhabern in den Entwicklungsländern entgegenzunehmen, auch wenn sie wissen, dass diese Gelder nicht legitimen Ursprungs sind. Diese Korruptionsförderung ließe sich leicht abstellen durch eine internationale Regelung, die eine angemessene Meldepflicht für Banken vorschriebe, wie es sie ja schon gibt im Hinblick auf Einzahlungen, die im Verdacht stehen, mit Terrorismus oder Drogenhandel zu tun zu haben. Viel Geld geht armen Ländern auch durch laxe internationale Steuerregelungen verloren, die es multinationalen Konzernen leicht machen, durch Manipulationen interner Transferpreise ihre Firmengewinne dorthin zu verschieben, wo sie am geringsten besteuert werden (in sogenannte Steueroasen, in denen diese Firmen normalerweise keine reale Präsenz haben). Es wird geschätzt, dass diese Machenschaften den Entwicklungsländern jährlich etwa 1,26 Billionen US-Dollar (2008) entziehen, also ein Zehnfaches dessen, was diesen Ländern als Entwicklungshilfe zufließt.[26] Ein erheblicher Anteil dieser Ausflüsse besteht aus den Entwicklungsländern entgangenen Steuereinnahmen, die im Fall Chinas zum Beispiel 31 Prozent des tatsächlichen Steueraufkommens betragen.[27]

---

25 Eine ausführliche Diskussion des *TRIPS Agreement* und einer eleganten Möglichkeit, die medizinische Versorgung der Armen dennoch erheblich zu verbessern, findet sich in Pogge 2011, 269 f.

26 Die Schätzung stammt aus Kar/Curcio 2011. Die gesamte Entwicklungshilfe belief sich im selben Jahr auf 122 Milliarden US-Dollar, von denen aber nur 15,5 Milliarden US-Dollar für die Gewährleistung von Grundbedürfnissen (*basic social services*) ausgegeben wurden. Vgl. UN Millennium Development Goal Indicators, online im Internet: http://unstats.un.org/unsd/mdg/SeriesDetail.aspx?srid=569 [21.09.2012] und http://unstats.un.org/unsd/mdg/SeriesDetail.aspx?srid=592 [21.09.2012].

27 Diese Schätzung stammt aus Hollingshead 2010, 4 (Abb. 5). Ein wichtiger Schritt zur Lösung dieses Problems wäre es, multinationalen Unternehmen eine Steuererklärung abzuverlangen, die ihre Aktivitäten in verschiedenen Ländern gesondert ausweist (*country by country reporting*).

Es ist wohlbekannt, dass die meisten armen Länder schlecht regiert werden: von Eliten, die nicht durch freie und faire Wahlen legitimiert sind, politische Opposition und oft weite Teile der Bevölkerung mit Gewalt unterdrücken, öffentliche Gelder veruntreuen und ihr Amt zur Einsammlung von Bestechungsgeldern missbrauchen. Diese Phänomene werden in den reichen Ländern gern diskutiert, weil sie die bei uns beliebte Diagnose zu stützen scheinen, dass das Fortbestehen gravierender Armut in so vielen Entwicklungsländern auf einheimische Kausalfaktoren zurückzuführen sei. Die Realität ist allerdings komplizierter. Denn die Tatsache, dass solche bei der Bevölkerung verhassten Eliten sich langfristig an der Macht halten können, liegt wesentlich auch daran, dass wir sie als legitime Vertreter ihrer jeweiligen Länder anerkennen. Diese Anerkennung bringt ihnen die Mittel, die sie zur Fortsetzung ihrer Gewaltherrschaft benötigen. Sie bekommen von unseren Firmen Geld für die natürlichen Rohstoffe „ihrer" Länder – und zwar deshalb, weil eine solche Firma, die einen Gewaltherrscher für Rohstoffe bezahlt hat, bei uns als legitime Eigentümerin dieser Rohstoffe anerkannt wird, obwohl diese Rohstoffe eigentlich der Bevölkerung gehören und nicht deren Unterdrückern. Gewaltherrscher können auch bei unseren Banken zu günstigen Konditionen Kredite aufnehmen dank der Tatsache, dass „ihre" Länder – unfreiwillig – für diese Kredite verantwortlich gemacht werden. Viele arme Länder werden durch ganz enorme Zins- und Tilgungszahlungen für Kredite belastet, die gegen ihren Willen und gegen ihre Interessen von ihren illegitimen Herrschern aufgenommen worden waren. Mit dem Geld, das solche Herrscher sich dadurch besorgt haben, dass sie die von ihnen unterdrückte Bevölkerung verschuldet und ihre natürlichen Rohstoffe verkauft haben, können diese Herrscher sich dann bei unseren Firmen auch noch die zum Erhalt ihrer Macht benötigten Waffen kaufen. Insofern ist es nicht überraschend, dass sich – vor allem in rohstoffreichen Ländern – genuin demokratische und korruptionsfreie Regierungsformen nur selten halten können.

Für die reichen Länder sind diese Rohstoff-, Kredit- und Waffenprivilegien, die wir auch evident-illegitimen Herrschern in Entwicklungsländern zugestehen, äußerst nützlich. Wir können preiswert international gültige Eigentumsrechte an den für unseren Konsum notwendigen Rohstoffen erwerben, ungeachtet der Tatsache, dass die Verkäufer diese Rohstoffe oft durch Gewalt (zum Beispiel einen Putsch) unter ihre Kontrolle gebracht haben. Und wir können auch vom florierenden Geschäft unserer Banken und Waffenexporteure profitieren. Für die Bevölkerungen armer Länder sind diese Privilegien allerdings eine Katastrophe: Sie geben erhebliche Anreize zu Putschversuchen und Bürgerkriegen, sie zementieren Gewaltherrschaft und sie ermöglichen es solchen Herrschern, sich durch Verschuldung der Bevölkerung und durch Diebstahl ihrer nationalen Rohstoffe persönlich zu bereichern.

Moralisch betrachtet liegt es nahe, davon auszugehen, dass alle Menschen gleichermaßen Anspruch haben auf den Naturreichtum unseres Planeten, der die Basis aller Wirtschaftsleistungen ist. Demnach stünden den Menschen, die zu der ärmeren Hälfte der Weltbevölkerung gehören, sicherlich mehr als drei Prozent des globalen Einkommens zu, selbst wenn sie keinerlei produktiven Beitrag leisteten. In Wirklichkeit arbeiten die Menschen der ärmeren Hälfte viel härter als wir und müssen dennoch mit weniger als drei Prozent des globalen Haushaltseinkommens vorliebnehmen. Und so stellt sich die Frage, mit welchem Recht wir – die Bürger der reichen Länder in Zusammenarbeit mit den oft illegitimen und korrupten Eliten der Entwicklungsländer – die Naturschätze dieses Planeten einvernehmlich unter uns aufteilen, ohne der ärmeren Mehrheit einen auch nur annähernd proportionalen Anteil zuzugestehen. Ein analoges Problem ergibt sich hinsichtlich der Aktivitäten, die die globale Umwelt schädigen und zum Klimawandel beitragen: Die Gewinne aus diesen Aktivitäten kommen fast ausschließlich wohlhabenderen Menschen zugute, während die Umweltschäden vor allem arme Menschen gefährden, denen die Mittel fehlen, sich zu schützen. Diese Ungerechtigkeiten ließen sich durch Einführung einer globalen Rohstoffdividende lindern, die einen Teil des Marktwerts aller weltweit konsumierten Rohstoffe und eine Abgabe auf umweltschädigende Emissionen zum Zweck der Armutsbeseitigung abzweigen würde.[28]

Diese kurzen Beispielskizzen illustrieren, dass die bestehenden supranationalen Regelungen auch weniger beschwerlich für die Armen hätten formuliert werden können. Dadurch hätte sich die in Tabelle 2 dokumentierte dramatische Marginalisierung der ärmeren Hälfte der Menschheit vermeiden oder wenigstens verlangsamen lassen. Diese Überlegung wiederum zeigt, dass wir zu den Armen im Ausland nicht nur als potenzielle Helfer in Beziehung stehen. Die von den mächtigeren Staaten durchgesetzten supranationalen Regelungen tragen erheblich zum rapiden Anwachsen ökonomischer Ungleichheit bei und damit auch zum Skandal der chronisch unterernährten Milliarde. In Bezug auf diese Menschen – ihr Menschenrecht auf Nahrung – haben wir nicht nur positive Hilfspflichten, sondern auch gewichtigere negative Gerechtigkeitspflichten, die verlangen, dass wir uns für substanzielle Reformen unseres supranationalen Regelsystems einsetzen und auch für zwischenzeitliche Kompensationsmaßnahmen, die die Armen effektiv vor den Auswirkungen ungerechter supranationaler Regelungen schützen würden.

Literatur

Cline, W. C. (2004): Trade policy and global poverty. Washington.

FAO Food and Agriculture Organization of the United Nations (Hg.) (2010): The state of food insecurity in the world. Addressing food insecurity in protracted crises. Rom.

---

28 Vgl. Pogge 2011, 245 ff.

Fernández de Córdoba, S.; Vanzetti, D.: (2006): Now what? Searching for a solution to the WTO industrial tariff negotiations. In: Laird, S.; Fernández de Córdoba, S. (Hg.): Coping with trade reforms. A developing-country perspective on the WTO industrial tariff negotiations. Basingstoke.

Hollingshead, A. (2010): The implied tax revenue loss from trade mispricing. Washington.

Kar, D.; Curcio, K. (2011): Illicit financial flows from developing countries: 2000–2009. Update with a focus on Asia. Washington.

Milanovic, Branko (2010): The haves and the have-nots. A brief and idiosyncratic history of global inequality. New York.

Milanovic, Branko (2005): Worlds apart. Measuring international and global inequality. Princeton.

Pogge, T. (2011): Weltarmut und Menschenrechte. Kosmopolitische Verantwortung und Reformen. Berlin; New York.

Pogge, T. (2010a): Politics as usual. What lies behind the pro-poor rhetoric. Cambridge.

Pogge, T. (2010b): Responses to the critics. In: Jaggar, A. M. (Hg.): Thomas Pogge and his critics. Cambridge, 175–250.

Pogge, T. (2009): Die Entwicklung moralisch plausibler Indizes für Armut und Geschlechtergleichstellung: ein Forschungsprogramm. In: Zeitschrift für Politik, 56 (3), 300–327.

Pogge, T. (2005): Das erste Millennium-Entwicklungsziel: Ein Grund zum Feiern? In: Zeitschrift Entwicklungspolitik, 12-13/2005, 33–37.

Stern, N. (2002): Dynamic development: innovation and inclusion. Online im Internet: http://www.cesifo-group.de/de/dms/ifodoc/docs/neueseitences/CESMUNICHLECTURES /CES_ML_PDF/ces_ml2002_lecture1_227543_en.pdf [21.9.2012].

UN United Nations (Hg.) (2011): The millennium development goals report 2011. New York.

UNCTAD United Nations Conference on Trade and Development (Hg.) (1999): Trade and development report, 1999. Genf.

World Bank (Hg.) (2011): World development report 2011. Conflict, security, and development. Washington.

World Bank (Hg.) (2008): Global purchasing power parities and real expenditures. Washington.

World Bank (Hg.) (2001): Global economic prospects and the developing countries 2002. Washington.

WHO World Health Organization (Hg.) (2008): The global burden of disease. 2004 Update. Genf.

CORNELIA FÜLLKRUG-WEITZEL

Armutsorientierung – Orientierung an Bedürfnissen, Rechten und Potenzialen der Armen

„Brot für die Welt" wurde 1959 von den evangelischen Landes- und Freikirchen in Deutschland gegründet als Zeichen und Ausdruck der Dankbarkeit für die Hilfe, die Deutschland nach dem Zweiten Weltkrieg empfangen hat. Der Grundimpuls war: Weil wir selbst Hungernde waren, geben wir zurück und erinnern damit in einer aufsteigenden Wohlstandsgesellschaft daran, dass es nicht unser eigenes Verdienst ist, wenn wir gesund und gut ernährt sind, sondern dass uns die Ressourcen von Gott geschenkt sind. Dies gab und gibt uns eine spezifische ethische Basis für unsere Arbeit.

„Brot für die Welt" existiert immer noch nach so vielen Jahren, weil die evangelischen Kirchen in Deutschland der Auffassung sind, dass die Ursachen des Hungers noch nicht wirkungsvoll bekämpft sind. Zu dieser Meinung kommen wir, weil die Kirchen und ihr Hilfswerk „Brot für die Welt" verbunden sind mit Kirchen und kirchlichen Hilfswerken auf der ganzen Welt, die jeden Tag auf dem allerverlassensten Dorf sehr genau mitbekommen, was Hunger heißt und warum Menschen hungern. Die Kirchen und ihre Hilfswerke – das gilt für Misereor gleichermaßen – wissen sehr genau, dass es notwendig ist, weltweit in Solidarität gemeinsam mit den Geschwistern in anderen Teilen der Welt daran zu arbeiten, dass die Ursachen des Hungers bekämpft werden.

Wichtig für unser Selbstverständnis ist auch: Wir betreiben keine eigenen Hilfsprojekte, sondern wir unterstützen weltweit über 1.000 Partnerorganisationen – viele von ihnen Kirchen und kirchliche Organisationen, aber auch andere Kräfte der Zivilgesellschaft. Wir haben uns zur Aufgabe gesetzt, vor allem deren Handlungskraft zu erhöhen. Denn zu den Grundanliegen unserer Arbeit gehört, alte Abhängigkeiten aufzulösen und keine neuen Abhängigkeiten zu schaffen.

Meine Grundthese lautet, dass bei der Bekämpfung des Hungers Armutsorientierung ein entscheidender Schlüssel ist. Als kirchliches Hilfswerk interpretieren wir Armutsorientierung als Orientierung an den Bedürfnissen, Rechten und Potenzialen der Armen. Für die Tatsache, dass die Armen bei der Bekämpfung des Hungers in der Welt im Mittelpunkt aller Bemühungen stehen müssen, gibt es aus meiner Sicht drei unterschiedlich gelagerte Begründungen: eine sozialwissenschaftliche Begründung, eine menschenrechtliche Begründung und eine theologisch-ethische Begründung.

Zunächst zum sozialwissenschaftlichen Aspekt: Olivier De Schutter, UN-Sonderberichterstatter für das Recht auf Nahrung, brachte kürzlich einen Vortrag bei uns im Haus auf den Punkt mit der Aussage: "There is no food crisis!" Es gibt überhaupt keine Nahrungsmittelkrise! Wir hätten es vielmehr mit einer Armuts- und Umweltkrise zu tun – und in deren Folge ganz offensichtlich auch und ganz massiv mit Hunger.

Es ist eine Tatsache, dass weltweit genug Nahrungsmittel produziert werden. „Brot für die Welt" hat seine Kampagne in den letzten beiden Jahren unter den Slogan „Es ist genug für alle da!" gestellt, um auf den Skandal aufmerksam zu machen, dass wir immer noch von steigenden Hungerzahlen zu sprechen haben, obwohl weltweit genug produziert wird. Ein Drittel aller Lebensmittel, die weltweit produziert werden, verrottet und wird weggeworfen. Das heißt, Maßnahmen zur Produktivitätssteigerung als isolierte oder gar zentrale Maßnahme lösen offensichtlich das Problem nicht. Denn entscheidend ist die Frage: Wessen Erträge sollen gesteigert werden? Wessen Tisch soll gedeckt werden? Oder müssen wir sagen: Wessen Futtertrog soll gefüllt werden? Wessen Mülleimer soll gefüllt werden?

Wem nützen zusätzliche Erträge? Das ist die entscheidende Frage. Wie können wir sicherstellen, dass Ertragssteigerungen tatsächlich den Hungernden zugutekommen? Wie können wir dafür sorgen, dass Produktionssteigerungen tatsächlich einen Beitrag zur Überwindung des Hungers leisten? Wir brauchen einen neuen Fokus: Wie können wir Armutsbekämpfung betreiben in einer Weise, dass die Armen dadurch nicht ärmer werden? Wie können wir den Hunger bekämpfen in einer Weise, dass die Hungernden hinterher nicht noch hungriger werden?

Fakt ist, dass es sogenannte Hungerbekämpfungsmaßnahmen gibt – und ich habe davon viele gesehen –, die den Hunger bei den Hungernden noch steigern. Wenn man mit einem Saatgut arbeitet, das im nächsten Jahr nicht wieder ausgesät werden kann, das abhängig ist von Pestiziden und Düngemitteln, um überhaupt den berühmten Ertrag zu bekommen, dann heißt das: Den Armen, die bis dahin ohne größere Investitionen Nahrungsmittel produzieren konnten, wird jetzt die Bürde permanenter Investitionen auferlegt, was oft genug zu Verschuldung und neuem Elend führt.

Wir müssen auch fragen: Wer sind denn eigentlich die Hungernden? Von wem sprechen wir? Ich brauche hier nicht zu erwähnen, dass ein Großteil der Hungernden Frauen sind, dass Hunger ein weibliches Gesicht hat. 22 Prozent der Hungernden sind Landlose, also Menschen, die zum großen Teil einmal Land oder Jagd- und Fischgründe besessen haben, die sie heute aber nicht mehr besitzen. Und in denselben Fischgründen und auf demselben Land arbeiten sie heute für einen geringen Lohn, der ihre eigene Familie nicht ernährt, um anderen Leuten, die diese Fischgründe oder dieses Land inzwischen besitzen, zu Reichtum zu verhelfen.

50 Prozent der Hungernden auf der Welt sind Kleinbauern. Warum ist das so? Für viele Kleinbauern ist beispielsweise die Tatsache, dass sie das Land zwar seit Generationen bewirtschaften, aber keine sicheren Landtitel haben, ein ganz zentrales Problem. Andere verfügen über keinen oder keinen ausreichenden Zugang zu Ressourcen wie Wasser, zu Krediten, zu Wissen und zu einer Beratung, die wirklich geeignet ist, auf ihrem konkreten Stück Land den Ertrag zu steigern. Und vielen fehlt schlicht der ausreichende Zugang zu Land, sodass Landreformen in vielen Ländern weiterhin eine zentrale politische Forderung der Hungerbekämpfung darstellen.

Der Hebel muss also angesetzt werden an der rechtlichen, sozialen und ökonomischen Marginalisierung der kleinbäuerlichen Familien, an der mangelnden politischen Aufmerksamkeit für die Lebens- und Produktionsräume der kleinbäuerlichen Familien. Zu alledem leisten „Brot für die Welt" und Misereor einen Beitrag in vielfacher Form.

Zum zweiten Punkt, den Menschenrechten: Armutsorientierung bei der Hungerbekämpfung wird auch gestützt durch den menschenrechtlichen Ansatz. Im Internationalen Pakt über wirtschaftliche, soziale und kulturelle Rechte ist festgehalten worden, dass jeder Einzelne das Recht hat, vor Hunger geschützt zu sein. Seitdem ist an der Rechtsentwicklung weitergearbeitet worden, sodass inzwischen die freiwilligen Leitlinien zum Recht auf Nahrung sehr konkrete Anregungen geben, wie das Recht auf Nahrung angemessen umgesetzt werden kann.

Was ist wichtig an diesem Ansatz? Hungernde – und das ermöglicht einen entscheidenden Perspektivwechsel – sind Träger von Rechten. Sie sind nicht Bettler, sie sind nicht Almosenempfänger. Das verleiht den Armen und Hungernden einen anderen Status. In ihren Auseinandersetzungen mit der Regierung können sie sich auf ihren Rechtsanspruch beziehen.

Außerdem ist wichtig: Der Staat wird in die Pflicht genommen. Die Regierung ist verpflichtet, für jede Region, für jede Gemeinde und jede spezifische Gruppe von Hungernden rechtliche, ökonomische und soziale Bedingungen zu schaffen, die es ihnen ermöglichen, ihre eigene Nahrungsmittelproduktion zu steigern. Zentral ist, dass die Hungernden dabei beteiligt werden, wenn diese nationalen Planungen entworfen und umgesetzt werden. Sie sind nicht Objekt irgendeiner Politik, sondern sie selbst sollen das Hauptsubjekt werden. „Brot für die Welt" unterstützt viele Organisationen und Netzwerke von Kleinbauern, die diese Rechte einklagen.

Und schließlich zum theologisch-ethischen Aspekt: Gibt es für uns als christliches Hilfswerk eigentlich eine besondere Begründung, die Armen in den Mittelpunkt allen Denkens, Planens und Handelns zu stellen? Ja, und dies hat mit dem christlichen Weltbild zu tun. Das christliche Weltbild stellt sehr zentral die Würde jedes einzelnen Menschen in den Vordergrund. Die Menschen sind Gott ebenbildlich, jeder Mensch hat eine gleiche Würde.

Es gibt ein sehr schönes afrikanisches Sprichwort, das besagt, dass man einen Hungernden nicht in Versuchung bringen soll, seine Würde wegzuwerfen. Wir wissen, dass Hunger tatsächlich dazu führen kann, dass Menschen ihrer Würde beraubt werden beziehungsweise dass ihre Würde infrage gestellt wird. Insofern muss sich auch jede Politik der sogenannten Hungerbekämpfung daran orientieren, ob sie den Menschen ihre Würde lässt als Ebenbild Gottes, als Menschen, die mit uns auf gleicher Augenhöhe stehen, als Menschen, die genauso handlungsfähig sind wie wir, wenn die entsprechenden Bedingungen vorhanden sind.

Aus unserer Sicht muss bei jeder politischen Entscheidung, die den Hunger bekämpfen soll, aber auch jeder sonstigen wirtschafts-, entwicklungs- und handelspolitischen Entscheidung diese zentrale Frage gestellt werden: Habt ihr berücksichtigt, was das mit den Armen macht? Habt ihr die Armen bei eurer Analyse ins Zentrum gestellt? Ja oder nein?

MARTIN BRÖCKELMANN-SIMON

Die Menschen im Mittelpunkt – Erfahrungen aus einem Entwicklungsprojekt aus Orissa in Indien

Misereor ist keine Durchführungsorganisation, die von Deutschland aus in diversen Ländern des Südens ihre eigenen Projekte entwickeln und mit eigenem entsandten Personal realisieren würde. Das Werk unterstützt vielmehr seit seiner Gründung im Jahr 1958 eigenständige Entwicklungsmaßnahmen in der Verantwortung unabhängiger einheimischer, häufig kirchlicher Partnerorganisationen. Über diese Partner ist Misereor auf diese Weise überall auf der Welt immer schon da – bis in die hintersten Winkel von derzeit 96 Ländern. Dem Kampf gegen Hunger und Krankheit wurde dabei von Anbeginn besondere Beachtung geschenkt. Auf dieser Grundlage werden seit vielen Jahren Vorhaben der ländlichen Entwicklung gefördert. Die Selbsthilfeförderung bäuerlicher und indigener Familien und Gruppen hatte und hat daher bis heute eine Priorität. Erfahrungen mit Partnern aus allen Kontinenten zeigen dabei, dass alternative Wege in der Armutsbekämpfung gerade für diese ausgegrenzten Gruppen möglich sind, wenn Entwicklungsprozesse auf das Potenzial der Menschen und auf nachhaltige Landwirtschaft setzen.

Ein wirksamer Beitrag nachhaltiger Landnutzung für die Welternährung und gegen den Klimawandel, die Desertifikation und den Verlust der biologischen Vielfalt hängt nicht nur von technischen, sondern auch von sozialen und politischen Faktoren ab. Zugleich ist unser eigenes Entwicklungsverständnis betroffen: Dahinter steht unsere Grundüberzeugung, dass allen Menschen nicht nur das Recht zukommt, ihr Leben eigenverantwortlich zu gestalten, sondern sie auch über die Fähigkeiten und Stärken verfügen, dies selbst in die Hand zu nehmen. Misereor ist überzeugt, dass Entwicklungsprozesse nur dann nachhaltig sind, wenn sie die Armen selbst in die Lage versetzen, aus eigener Kraft die Armut zu überwinden.

Ausgangspunkte für Entwicklung sind dabei die lokalen Ressourcen, der Wille und die Fähigkeit der Menschen zur Veränderung. Entwicklungsziele und -wege, die nicht von der Überzeugung der Menschen, von ihrer Entschlossenheit und Kreativität getragen sind, bieten keine Grundlage für nachhaltige Entwicklung. Selbstvertrauen kann durch Expertenwissen, viele Projekte oder günstige Kredite weder ersetzt noch erkauft werden. Die Sicherung der Möglichkeiten, sich aus eigener Kraft zu ernähren, der Erhalt der natürlichen Vielfalt, das Anknüpfen an vorhandene Potenziale, die Stärkung der Selbsthilfefähigkeit und die Orientierung am Gemeinwohl sind in diesem Sinne handlungsleitend für die Förderpolitik von Misereor zur Ernährungssicherung und ländlichen Entwicklung.[1]

Von den Herausforderungen zum Thema Ernährungssicherung ist in den vorangegangenen Beiträgen bereits die Rede gewesen. Unter dem Stichwort „Ermutigungen" behandelt mein Beitrag mögliche Antworten sowie mutige Ansätze zur Förderung diversifizierter Landwirtschaft und selbstbestimmter Ernährungskultur in lokaler Initiative. Dazu möchte ich Sie mit auf eine Reise nach Indien nehmen.

Der indische Subkontinent ist voller Gegensätze und Widersprüche: Mitglied der Gruppe der 20 wichtigsten Industrie- und Schwellenländer und aufsteigende Wirtschaftsmacht mit anhaltendem rapidem Wachstum, aber zugleich auch ein Land, in dem laut dem Entwicklungsprogramm der Vereinten Nationen 55 Prozent der 1,2 Milliarden Einwohner umfassenden Bevölkerung in Armut leben. Die Ernährungslage vor allem in Nord- und Zentralindien ist besorgniserregend – über 233 Millionen Inderinnen und Inder haben nicht genug zu essen, 42 Prozent der unterernährten Kinder weltweit leben in Indien. Dennoch ist Indien Nettogetreideexporteur und verfügt über große Nahrungsmittelreserven. Die indische Landwirtschaft trägt 18 Prozent zum Bruttoinlandsprodukt bei und zählt 650 Millionen Beschäftigte, das heißt rund 60 Prozent der indischen Bevölkerung. 80 Prozent der indischen Bäuerinnen und Bauern verfügen über weniger als zwei Hektar Land.

In Orissa (heute offiziell Odisha) im Osten Indiens, dem ärmsten indischen Bundesstaat, leben mit 37 Millionen Menschen[2] circa drei Prozent der Inderinnen und Inder. Die weit überwiegend von der Landwirtschaft lebende Bevölkerung ist zu 80 Prozent vom Regenfeldbau abhängig, was in der Praxis heißt, dass sie „mit der Dürre leben" müssen. Naturkatastrophen wie Zyklone und Überschwemmungen gehören ebenso wie extreme Trockenperioden zum Leben der Menschen und werfen sie in ihrem Versuch, menschenwürdig zu überleben, immer wieder zurück. Die Ernährung der Armen ist meist nicht ganzjährig gesichert. Gesundheitsversorgung und

---

1 Vgl. Misereor 2008.
2 Indischer Zensus 2001.

Bildungsmöglichkeiten sind unzureichend. Die Armut in Orissa ist doppelt so hoch wie im Rest des Landes und steht in krassem Widerspruch zur prosperierenden Wirtschaft und dem Wohlstand einer wachsenden Mittelschicht im Schwellenland Indien.

Der Misereor-Projektpartner Dulal – ein Santali-Name, der Liebe und Anteilnahme bedeutet – arbeitet im Mayurbhanj-Distrikt im Nordosten von Orissa, einem Trockengebiet, das hauptsächlich von indigenen Bevölkerungsgruppen besiedelt ist. Diese in Indien Adivasi[3] genannten Indigenen stellen mit 90 Millionen Menschen acht Prozent der indischen Bevölkerung; im Projektgebiet bilden sie mit 75 Prozent jedoch die Mehrheit. Sie gehören zu drei der insgesamt 62 in Orissa lebenden ethnischen Gruppen: den Santal, den Ho und den Bathudi. Diese Menschen sind reich an Kultur und traditionellem Wissen, jedoch ökonomisch arm, weil sie keinen Anteil an der wirtschaftlichen Entwicklung des modernen Indiens haben. Sie ziehen keinen Nutzen aus dem Reichtum an Bodenschätzen (wie Bauxit, Kohle, Eisen), die oftmals insbesondere in Adivasi-Gebieten vorkommen, sondern verlieren im Gegenteil ihren angestammten Lebensraum, sobald dieser für die Rohstoffförderung interessant wird. Sie haben keine rechtlich abgesicherte Verfügungsgewalt über die Naturressourcen und ihre seit Generationen genutzten Territorien, denn die indische Gesetzgebung sieht zwar spezielle Nutzungsrechte für die Adivasi vor, stellt aber in Streitfällen nationales Interesse über die Rechte der Indigenen.

Der Misereor-Partner Dulal hat seine Arbeit 1987 auf Initiative eines katholischen Priesters begonnen. Nach einer Flutkatastrophe und einer darauf folgenden Hungerkrise, mit der die Menschen abhängig von der Unterstützung der Regierung wurden, hat er sich um die Betroffenen gekümmert und mit einigen engagierten jungen Leuten angefangen, die Lebenssituation in der Region zu verbessern und den Menschen zu helfen, wieder auf eigenen Füßen zu stehen. Ziel der Arbeit von Dulal ist seitdem, die Adivasi in die Lage zu versetzen, ihre Entwicklung selbstbestimmt in die eigenen Hände zu nehmen.

Heute arbeitet Dulal mit mehr als 15.000 Familien in 324 Dörfern im Distrikt Mayurbhanj. Die Arbeit ging von der Förderung Einkommen schaffender Maßnahmen aus – zum Beispiel dem meist über Spar- und Kreditaktivitäten finanzierten Aufbau von Vermarktung und Kleinhandwerk. Die Arbeitsgebiete haben sich seit der Gründung immer weiterentwickelt. Landwirtschaft spielt für die Menschen in Mayurbhanj bei allem eine bedeutende Rolle, weil sie die Grundlage für Einkommen und Ernährung bildet. Dulal arbeitet mittlerweile aber auch im Gesundheitsbereich, zum Beispiel durch die Stärkung traditioneller Methoden, aber auch im Bereich der Bildung und des Schutzes der natürlichen Ressourcen. Die Entwicklung wird über den Aufbau von Selbsthilfegruppen, in denen sich vor allem die Frauen engagiert einbringen, vorangetrieben.

---

3   Adivasi bedeutet „erste Siedler".

Ausgehend von der Sorge um eine Eigendynamik[4], die vielen Entwicklungsorganisationen zu schaffen macht und die oft dazu führt, dass manche Hilfsorganisationen sich Menschen suchen, um ihre Projekte durchzuführen statt umgekehrt, hat Dulal vor einigen Jahren, unterstützt von Misereor, in einem selbstkritischen Reflexionsprozess überprüft, ob die Adivasi bei der Projektarbeit tatsächlich noch die Kontrolle über ihre Inhalte und Ausgestaltung haben. In intensiven Gesprächen mit den Menschen vor Ort reifte bei Dulal die Erkenntnis, dass die Pläne und Berichte über die Köpfe der Menschen hinweg statt mit ihnen entstanden waren, dass fertige Lösungen vorgeschlagen statt in Gesprächen auf Augenhöhe auf der Grundlage der Lebenswirklichkeit und der Prioritäten der Adivasi von ihnen selbst entwickelt worden waren. Dulal musste lernen anzuerkennen, dass die Bäuerinnen und Bauern durchaus eigene Vorstellungen von der Entwicklungsarbeit hatten, diese jedoch aus Angst, vielleicht jede Unterstützung zu verlieren, nicht lautstark vorgebracht beziehungsweise zurückgestellt hatten, um stattdessen an von Dulal initiierten Aktivitäten teilzunehmen. Erst in den Auswertungsgesprächen konnten die auch von Dulal bislang als hilflos und rückständig eingeschätzten Adivasi vermitteln, dass sie selbst dem Projekt eine andere Form und Dynamik gegeben hätten, die wesentlich mehr auf Eigeninitiative und Selbststeuerung basiert hätte. Die Bäuerinnen und Bauern haben deutlich gemacht, was für sie wirklich bedeutsam war: eine eigene Interessenvertretung und die Vernetzung der Basisgruppen, die Wiederbelebung des Hirseanbaus und der Aufbau von Saatgutbanken für eine größere Ernährungssouveränität, Austausch und Lernprozesse – auch über globale Themen, die die Lebensrealität der Adivasi beeinflussen.

Im Verlauf dieses Prozesses hat Dulal seine Projektarbeit in den letzten Jahren neu ausgerichtet. Statt weiterhin als Experten gegenüber Unwissenden aufzutreten und auf schematische Weise Training in vorgefertigten Konzepten und Techniken anzubieten, setzt Dulal nun verstärkt auf lokales Wissen und stellt die lokale Initiative in den Vordergrund. Der Schwerpunkt liegt jetzt auf der Beratung und Unterstützung bei der Durchführung solcher Prozesse, wie der Organisationsstärkung und Netzwerkbildung, der Schaffung von gemeinsamen wechselseitigen Lernräumen für Bauerngruppen (gegenseitige Feldbesuche, Austauschsystem für lokal weiterentwickeltes Saatgut, Weiterbildung von Bäuerinnen und Bauern zu Trainern, Kulturfeste etc.). Für die Menschen wirklich wichtige Themen kommen nun vermehrt auf die Agenda und werden damit auch Teil von Interessenvertretung und Kampagnenarbeit zu Fragen von Ernährungssouveränität und Basisgesundheit.

Aus den Erfahrungen von Dulal wird ersichtlich, dass es eine Entwicklung im Sinne positiver Veränderungen für die Armen vor allem dann gibt, wenn die Adivasi selbst die Dynamik bestimmen. Werden sie mit ihren Potenzialen tatsächlich

---

4 Vgl. Misereor 2010.

anerkannt und respektiert, übernehmen sie auch die Verantwortung und Initiative. Sie richten ihre Aktivitäten nun vor allem horizontal aus – das heißt nicht mehr vor allem auf Dulal oder lokale Behörden, sondern zuerst auf andere, ähnlich ausgerichtete Gruppen. So entstehen Netzwerke von Menschen, die gemeinsam stärker sind. Bäuerinnen und Bauern lernen voneinander auf eine Art, die ihr Selbstbewusstsein und ihr Vertrauen in die eigene Kompetenz stärkt, anstatt die jahrzehntelange Fremd- und Selbsteinschätzung zu verstärken, dass sie rückständig, minderwertig und handlungsunfähig seien – Muster, die den Adivasi in Indien von anderen über Generationen der Ausgrenzung hin stets nahegebracht worden sind.

Traditionell lebten die Adivasi in Mayurbhanj zwar prekär, aber relativ unabhängig von der „Außenwelt" von einem auf Hirse beruhenden Mischkultursystem, das an die Dürrebedingungen angepasst war. Ergänzt durch die Nutzung von Wildpflanzen und verschiedenen Waldprodukten hat es ihnen ein Überleben in einer vom Mangel geprägten Umwelt ermöglicht und entsprach ihrem eigenen Selbstverständnis als Teil der Schöpfung und entsprechendem Respekt vor der Natur.

Die in Indien massiv geförderte grüne Revolution, die an Gunststandorten zu erheblichen Ertragszuwächsen – jedoch meist auf Kosten der Nachhaltigkeit – geführt hat, ist vor rund 30 Jahren auch bis in die entlegenen Dörfer von Mayurbhanj vorgedrungen. Die traditionellen Mischkultursysteme wurden weitgehend aufgegeben, weil die Regierung mit Subventionen eine auf Hochertragsreis aufbauende, monokulturell ausgerichtete Landwirtschaft gefördert hat. Sie erforderte hohe Investitionen (in Saatgut und Betriebsmittel wie Dünger und Pflanzenschutz), brachte aber unter den lokalen Bedingungen zugleich erhebliche Risiken mit sich, insbesondere im Hinblick auf dürrebedingte Missernten und wachsende Verschuldung, wenn Produktionsmittelkredite mangels Einnahmen nicht rechtzeitig zurückgezahlt werden konnten. Sie war daher, obwohl staatlicherseits massiv propagiert, für die Armen keine tragfähige Option. Was eigentlich als Lösung des Ernährungsproblems gedacht war, führte für die Adivasi letztlich zu vermehrtem Hunger und zu wachsender Verarmung.

Vor dem Hintergrund dieser Erfahrungen widmete sich Dulal gemeinsam mit den Bäuerinnen und Bauern in einem gemeinsamen Reflexionsprozess der Analyse der entstandenen Probleme und der Entwicklung alternativer Strategien. Mit der Rückbesinnung auf die Prinzipien traditioneller Mischkultur konnte so eine diversifizierte multifunktionale Landwirtschaft eingeführt werden, die auch bei ungünstigen Wetterbedingungen ausreichend Nahrung produziert. Traditionelle Praktiken und alte Nahrungspflanzensorten wurden erprobt und weiterentwickelt. In der Praxis zeigt sich dieses System einer kostenintensiven „modernen" Landwirtschaft weit überlegen, denn es ist den Menschen gelungen, mit eigenen Mitteln ihre Ernährung zu sichern, zugleich nachhaltig zu produzieren, die lokale Biodiversität zu erhalten und ihre Produktionsrisiken zu minimieren. Ihre soziale, ökonomische und auch kulturelle Lage hat sich damit verbessert und stabilisiert.

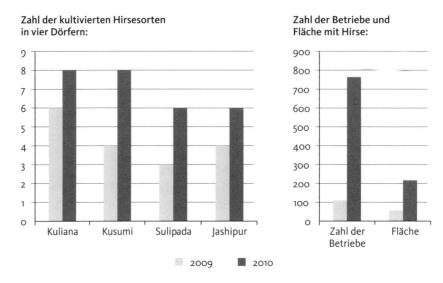

Abb. 1: Beispiel Hirseanbau[5]

In den rund 130 Dörfern in Mayurbhanj hat sich einiges getan, seit die Adivasi-Gruppen sich organisieren und über die Art der Landwirtschaft entscheiden, die sie betreiben wollen:

» Mit der auf Hirse basierenden Mischkultur konnte Ödland wieder in Kultur genommen werden – Land, das für den Reisanbau nicht geeignet war.

» 1.600 Familien haben ihre Landwirtschaft auf organischen Anbau umgestellt, das heißt, sie sparen sehr viel Geld, das früher für Düngemittel ausgegeben wurde. Durch den Verzicht auf Agrochemikalien können wieder Wildpflanzen und -tiere genutzt werden, die traditionell wichtig für den Speiseplan sind.

» Gerade im Jahr 2010, einem Jahr mit besonders unberechenbaren Regenfällen, hat sich die Überlegenheit des neuen Systems gezeigt: Die Familien haben geerntet, wo Bauern, die Hochertragsreis angebaut hatten, einen Totalausfall verzeichneten.

» Einzelne Familien bauen auf ihren kleinen Flächen von unter einem Hektar jetzt wieder bis zu 90 verschiedene Nahrungspflanzenarten und -sorten an.

Insgesamt haben eigene Untersuchungen von Dulal ergeben, dass sich die Vielfalt auf den Feldern deutlich erhöht hat. Die Zahl der kultivierten Hirsesorten pro Betrieb ist

---

5 Ergebnisse und Zahlen sind den Berichten des Projektpartners Dulal entnommen.

gestiegen, ebenso die Zahl der Betriebe und die Hirseanbaufläche. Auch der Anbau traditioneller Reissorten, die besser an die lokalen Bedingungen angepasst sind, sowie der Anbau von Hülsenfrüchten sind deutlich angestiegen.

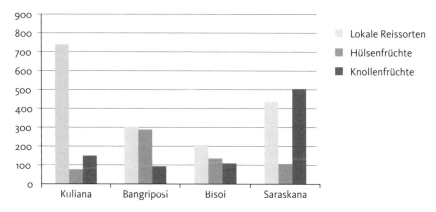

Abb. 2 Betriebe, die Vielfalt einführen

Trotz der Nutzung alter Sorten und Methoden traditioneller Mischkultur ist diese Form der Landwirtschaft kein Zurück in die Vergangenheit, denn die Bäuerinnen und Bauern arbeiten aktiv an der Weiterentwicklung und Anpassung dieser Systeme. So verbinden sie traditionelle Sorten mit neuen Praktiken wie Agroforstwirtschaft und Wurmkompost, optimieren die eigene Saatguterzeugung, indem sie das Sortenspektrum vergrößern und durch Selektion verbessern, verbreiten erfolgreiche Praktiken gezielt durch gemeinsames Lernen und Erfahrungsaustausch. Gut organisiert und vernetzt, zugleich auch gut informiert über aktuelle Themen wie Gentechnologie und Handelspolitik, sind sie bereit und fähig, ihre Interessen auch gegenüber Behörden und der Agroindustrie zu vertreten. So haben sich Adivasi aus der Projektregion aktiv an einer indienweiten Kampagne gegen die Einführung einer gentechnisch veränderten Aubergine beteiligt, in der sie nicht nur den Landwirtschaftsminister von Orissa mit ihren selbstbewusst vorgetragenen Erfahrungsberichten beeindruckt haben.

Diese Entwicklung hat zugleich das Selbstbewusstsein gestärkt, vor allem auch bei den Frauen. Sie sind stolz auf die Sortenvielfalt, die sie heute bewahren, und organisieren selbstständig Saatgutfestivals und denken sich Aktionen aus, um zum Beispiel den Kindern den vergessenen Geschmack der nahrhaften Hirse wieder nahezubringen. Das gewachsene Vertrauen in die eigenen Möglichkeiten, so die Erfahrung von Dulal, ist die notwendige Voraussetzung für eine von den Menschen ausgehende

Entwicklung. Auch anderenorts zeigt sich für Misereor: (Nur) wenn danach gefragt wird, was die Menschen stark macht und was sie selbst tun können, kann Eigeninitiative entstehen und ein großes Veränderungspotenzial freigesetzt werden. Erfolgreiche Entwicklungsarbeit lässt sich nur mit den Menschen verwirklichen, nicht gegen und nicht ohne sie. Stehen sie im Mittelpunkt und sind sie selbst die Hauptakteure, übernehmen sie auch die Verantwortung und Initiative für die weitere Ausgestaltung der Prozesse. Netzwerke, wechselseitiger Austausch und gemeinsames Lernen sind selbstverständlich geworden, über die Stimme der Bäuerinnen und Bauern kann nicht mehr einfach hinweggegangen werden. Mayurbhanj war angesichts seiner Abgelegenheit lange relativ ungestört von äußeren Einflüssen. Dies kann sich angesichts möglicher neuer Bedrohungen, zum Beispiel der in Orissa massiv betriebenen Landnahme in Adivasi-Gebieten durch ausländische Bergbauunternehmen oder infolge von Eukalyptusaufforstungsprojekten, nun ändern. Die von den Adivasi mit Unterstützung durch Dulal erreichten Entwicklungserfolge bieten zwar keine Garantie für adäquaten Schutz, aber eine gute Ausgangslage, diesen neuen Herausforderungen selbstbewusst zu begegnen.

Literatur

Misereor (Hg.) (2010): Strengthening people – led development. A joint effort of local communities, NGOs and donors to redefine participation. Online im Internet: http://www.misereor.org/fileadmin /redaktion/MISEREOR_Strengthening_people-led_development.pdf [21.9.2012].

Misereor (Hg.) (2008): Bäuerliche, nachhaltige Landwirtschaft – eine Strategie zur Ernährungssicherung und nachhaltigen Entwicklung. Online im Internet: http://www.misereor.de/fileadmin/redaktion /PosipapbauerLWELU.pdf [21.9.2012].

CHRISTA RANDZIO-PLATH

Ein Stück Erde für jede Frau – innovative Wege zur Armutsbekämpfung und Entwicklung im ländlichen Raum

70 Prozent der Armen in Entwicklungsländern leben auf dem Land. 80 Prozent dieser Armen sind Frauen und Kinder. Hunger und Unterernährung haben insbesondere in Afrika und in Südasien durch die Nahrungsmittelkrise sowie die Finanzmarkt- und Wirtschaftskrise wieder zugenommen. Die Frauen in ländlichen Regionen sind von Nahrungsmittelunsicherheit am meisten betroffen. Es ist paradox: Der überwiegende Teil der Hungernden sind Kleinbäuerinnen, die von ihren Erträgen nicht leben können. Der kleinbäuerliche Sektor wird besonders diskriminiert – durch Entscheidungen der Regierungen und die Entwicklungszusammenarbeit. Diese Diskriminierung wirkt sich besonders auf Frauen aus, weil die von ihnen betriebene Subsistenzwirtschaft stigmatisiert und vernachlässigt wird, sodass sie nicht den Beitrag zur Nahrungsmittelsicherheit leisten können, der von ihnen erwartet wird.

Die Diskriminierung der Frauen zeigt sich daran, dass die Frauen keinen beziehungsweise einen völlig unzureichenden Zugang zu Land, natürlichen Ressourcen, zu landwirtschaftlicher Beratung, zu Krediten, gutem preiswerten Saatgut, Dünge- und Schädlingsbekämpfungsmitteln haben. Damit wird der Zusammenhang klar: Die Ernährungssicherheit korreliert negativ mit der Diskriminierung der Landwirtschaft, aber auch mit der Diskriminierung der Frau.

Das Recht auf Nahrung verpflichtet alle Akteure auf eine gute Landwirtschaftspolitik und eine nachhaltige Ernährungssicherung. Aus der öffentlichen Landwirtschaftsförderung könnten vor allem Frauen Nutzen ziehen, weil ein landwirtschaftliches Produktionswachstum nur durch sie möglich sein wird und sie auf veränderte Rahmenbedingungen angewiesen sind.

In Afrika südlich der Sahara und in Südasien hängen bis zu 80 Prozent der Nahrungsmittelversorgung von Frauen ab. Dennoch wird die Genderperspektive in der Entwicklungszusammenarbeit der Staaten und der Zivilgesellschaft wenig beachtet. Die Ernährungssicherheit der Weltbevölkerung wäre besser gewährleistet, wenn es mehr Gleichheit von Frauen und Männern in Bezug auf Landbesitz, Wissen, Zugang zu Kapital und landwirtschaftliche Dienstleistungen gäbe. Die Millenniumsentwicklungsziele der Vereinten Nationen wären besser erfüllt, wenn das dritte Millenniumsziel („Gleichstellung und größeren Einfluss der Frauen fördern") erreicht wäre. Das gilt insbesondere für das erste Millenniumsziel („Extreme Armut und Hunger beseitigen").

Nachhaltige Armuts- und Hungerbekämpfung sind untrennbar mit völkerrechtlich verankerten wirtschaftlichen, sozialen und kulturellen Rechten verbunden. Sie stärken Betroffene, insbesondere Frauen, in ihrem Rechtsanspruch. Das gleiche Recht auf Nahrung für Frauen bedeutet Ernährungssouveränität und damit das Recht auf Land- und Ressourcenzugang. Die landwirtschaftliche Entwicklung ist ein wichtiger Schlüssel für die Erfüllung der Millenniumsziele. Zu wenige Staaten folgen dem *Maputo Pledge* von 2004, zehn Prozent der Haushaltsmittel in die Landwirtschaft zu investieren und damit ein *pro-poor growth*-Modell umzusetzen. Wenn aber die Regierungspolitik weiterhin die Landwirtschaft diskriminiert, tut dies auch die Entwicklungszusammenarbeit. Damit wird der Zustand von Armut und Hunger vor allem an den Frauen festgeschrieben, die auch an der zerstörerischen Konkurrenz durch EU- Agrarexportsubventionen scheitern, wenn sie auf ihrem Heimatmarkt Agrarprodukte vertreiben wollen.

Den Hunger aus der Welt schaffen können Maßnahmen und politische Entscheidungen, die vor allem auf Frauen und ihre Rolle in den Entwicklungsländern setzen und Frauenrechte stärken. Schließlich muss der Hunger vor Ort überwunden werden. Dazu bedarf es der Genderorientierung in der Nahrungsmittelsicherheit – von der Produktion bis zur Verteilung.

Frauen haben weniger Land als Männer. Sie besitzen nur zwei Prozent aller Landtitel und nur 20 Prozent der Anbaufläche in Entwicklungsländern. Sie bearbeiten jeweils weniger als einen Hektar Land. Somit sind sie wirtschaftlich und nicht abgesichert. Aber die Frauen brauchen „ein Stück Erde", das sie ohne ausbeuterische Pachtbedingungen bestellen können. Frauen haben weniger Ochsen und Pflüge als Männer. Ihr Land hat häufig eine schlechte Bodenqualität. Ihr Zugang zu natürlichen Ressourcen wie zum Beispiel Wasser ist schwieriger. Sie haben keine Sicherheiten und erhalten deswegen weder Kredite noch landwirtschaftliche Dienstleistungen. Frauen fehlen auch gutes Saatgut, Düngemittel, Pestizide und arbeitserleichterndes Gerät. Nach Schätzungen der Ernährungs- und Landwirtschaftsorganisation der Vereinten Nationen aus dem Jahr 2011 könnten Frauen ihre Ernteerträge um 20 bis 30 Prozent erhöhen, wenn sie die gleichen Chancen hätten wie Männer. In den

Entwicklungsländern würde die landwirtschaftliche Produktion dadurch so stark steigen, dass die Zahl der 925 Millionen Hungernden weltweit um 12 bis 17 Prozent sinken könnte. Die Zahl der 925 Millionen Unterernährten könnte um 100 bis 150 Millionen geringer ausfallen.

Diese Verbesserungen wären möglich, weil Frauen 80 Prozent der Grundnahrungsmittel und ein Drittel der Marktfrüchte produzieren. Jeder Abbau der geschlechterspezifischen Benachteiligung führt zu Produktivitätssteigerungen und trägt damit zur Ernährungssicherheit bei. Die Genderlücke in der Landwirtschaft fördert die Mangelernährung und verfestigt die Rollenbilder von Frau und Mann, die wiederum weder gesellschaftlichen Wandel noch positive Beiträge der Frauen zur Ernährungssicherheit möglich machen. Dabei verbessern sich dort, wo sich die Rolle der Frauen ändert, sowohl Ernteerträge, Ernährungslage als auch Bildung und Gesundheit der Kinder.

Die Nahrungsmittel müssen Menschen mit der notwendigen Lebensenergie versorgen, aber gleichzeitig auch zu ihrer Gesundheit beitragen. Die einseitig auf Grundnahrungsmittel orientierte Subsistenzwirtschaft führt zu Mangel- und Unterernährung. Daher ist die Diversifizierung der angebauten Nahrungsmittel wichtig. Darüber hinaus muss in die ländliche Entwicklung auch die Nahrungsmittelverarbeitung integriert werden. Da Frauen die Nahrungsmittelauswahl und -verarbeitung verantworten, sind sie der Schlüssel für Nahrungsmittelsicherheit in jedem ländlichen Haushalt.

Die Frauen im ländlichen Raum sind in ihrer Produktivität auch deswegen benachteiligt, weil sie ein anderes Zeitbudget haben als Männer. „Wir tragen eine schwere Last. Wer sollte sie tragen, wenn nicht wir Frauen", singen afrikanische Frauen. Den Frauenalltag im ländlichen Raum prägen traditionelle Geschlechtermuster. Die zeitaufwändigen Tätigkeiten im Haushalt sind den Frauen zugewiesen. Frauen können also nicht alle Arbeitsstunden wie Männer für landwirtschaftliche Produktion nutzen. Die klimatischen Veränderungen strapazieren ihr Zeitbudget zusätzlich, weil ihre Wege immer länger werden und beschwerlich sind. Die staatlichen Investitionen oder Investitionen der Entwicklungszusammenarbeit in die ländliche Infrastruktur sind gering. Hinzu kommt das schlechte Transportwesen. Die unterentwickelte ländliche Infrastruktur behindert die Feldarbeit, moderne Anbaumethoden und effiziente Vermarktung. Fahrräder, Karren oder Pirogen als Transportmittel sind unzureichende Hilfsmittel – auch wenn sie helfen, wie Projektpartnerinnen des Marie-Schlei-Vereins[1] sagen.

---

[1] Der gemeinnützige Marie-Schlei-Verein ist eine in Erinnerung an die erste deutsche Entwicklungsministerin Marie Schlei gegründete kleine Nichtregierungsorganisation, die auf Hilfe zur Selbsthilfe setzt und seit 1984 partnerschaftliche textile, handwerkliche, landwirtschaftliche beziehungsweise dienstleistungsorientierte Frauenausbildungsprojekte im informellen Sektor vor allem im ländlichen Raum zusammen mit lokalen Frauengruppen oder Frauenorganisationen durchführt.

Frauenrechte sind Menschenrechte, zählen aber wenig

Früh erkannten die Vereinten Nationen die Bedeutung des Menschenrechts auf Nahrung und der Gleichberechtigung von Mann und Frau. Schon die Charta der Vereinten Nationen und die Allgemeine Erklärung der Menschenrechte legten sich darauf fest. Auch die Würde der Frau ist ein Menschenrecht. Die Würde der Frau wird permanent verletzt, wenn es um ihr Menschenrecht auf Nahrungsmittelsicherheit geht:

›› Die Charta der Vereinten Nationen von 1945 will die Gleichberechtigung von Frau und Mann sicherstellen (Präambel): „Wir, die Völker der Vereinten Nationen – fest entschlossen, [...] unseren Glauben an die Grundrechte des Menschen, an Würde und Wert der menschlichen Persönlichkeit, an die Gleichberechtigung von Mann und Frau […], erneut zu bekräftigen, [...].“

›› Die Allgemeine Erklärung der Menschenrechte von 1948 legt in Artikel 25 Absatz 1 fest: „Jeder hat das Recht auf einen Lebensstandard, der seine und seiner Familie Gesundheit und Wohl gewährleistet, einschließlich Nahrung, [...].“

›› Artikel 11 Absatz 1 des UN-Sozialpakts von 1966 lautet: „Die Vertragsstaaten erkennen das Recht eines jeden auf einen angemessenen Lebensstandard [...] an, einschließlich ausreichender Ernährung, [...].“ Und in Absatz 2 heißt es: „In Anerkennung des grundlegenden Rechts eines jeden, vor Hunger geschützt zu sein, werden die Vertragsstaaten [...] die erforderlichen Maßnahmen [...] durchführen.“

›› Das Übereinkommen zur Beseitigung jeder Form von Diskriminierung der Frau von 1979 bestimmt in Artikel 3: „Die Vertragsstaaten treffen auf allen Gebieten [...] alle geeigneten Maßnahmen zur Sicherung der vollen Entfaltung und Förderung der Frau, damit gewährleistet wird, daß sie die Menschenrechte und Grundfreiheiten gleichberechtigt mit dem Mann ausüben und genießen kann.“

›› In der Erklärung von Peking von 1995 bekräftigen die an der Vierten Weltfrauenkonferenz teilnehmenden Regierungen die Verpflichtung „zur Gewährleistung der vollen Verwirklichung der Menschenrechte von Frauen und Mädchen als unveräußerlicher, fester und unteilbarer Bestandteil aller Menschenrechte und Grundfreiheiten“ (9). Sie sind davon überzeugt, „daß die Rechte der Frau Menschenrechte sind“ (14), und entschlossen, „die wirtschaftliche Unabhängigkeit der Frau, insbesondere ihre Erwerbstätigkeit, zu fördern und die beständige und zunehmende Belastung der Frau durch Armut zu beseitigen, [...]“ (26). Des Weiteren sind sie entschlossen, „sicherzustellen, daß die Frau gleichen Zugang zu wirtschaftlichen Ressourcen, namentlich Grund und Boden, Krediten, Wissenschaft und Technologie, Berufsausbildung, Information, Kommunikation und zu den Märkten erhält, als Mittel zur Förderung des Aufstiegs und der Machtgleichstellung von Frauen und Mädchen, so auch dadurch, daß sie unter anderem auf dem Weg der internationalen Zusammenarbeit besser in die Lage versetzt werden, die Vorteile aus dem gleichen Zugang zu diesen Ressourcen wahrzunehmen" (35).

» Drittes Millenniumsentwicklungsziel: Gleichstellung der Geschlechter und Stärkung der Rolle der Frauen.

Damit hat sich die internationale Völkergemeinschaft verbindlich zur Ernährung der Weltbevölkerung und zur Gleichstellung von Frau und Mann bekannt. Das Recht auf angemessene Nahrung ist auch ein für Frauen verbindliches Menschenrecht. Allerdings fehlt es an Respekt, Schutz und Gewährleistung dieses Rechts gegenüber Frauen im ländlichen Raum.

Das Menschenrecht auf Nahrung stärken – durch mehr Geschlechtergerechtigkeit und Gender-Empowerment

Nahrungsmittelsicherheit, Nahrungsmittelversorgung, Zugang zu Nahrungsmitteln und gesunde Ernährung gehören zusammen und müssen endlich auch aus Gendersicht bewertet werden. Schließlich ist die Ursache von Hunger nicht der Mangel an Nahrungsmitteln, sondern die ungleiche Verteilung von Nahrung, gesellschaftlichem Reichtum und Macht. Ursächlich ist vor allem die Geschlechterungerechtigkeit bei der Nahrungsmittelbeschaffung, beim Zugang und bei der Verteilung. Zusätzlich beschwert wird dieses Problem mit Kriegen und Katastrophen, dem freien Welthandel, Landnahmen und Diskriminierung von Landwirtschaft und ländlicher Entwicklung durch den jeweiligen Staat und die Entwicklungszusammenarbeit.

Nahrungsmittelsicherheit kann nur erreicht werden, wenn Nahrungsmittelversorgung, die Verfügbarkeit über Nahrungsmittel, der Zugang zu und der gesicherte Verbrauch von Nahrungsmitteln gewährleistet sind. Da Frauen Produzentinnen und Versorgerinnen ihrer Familien sind, sind sie an nachhaltiger Entwicklung interessiert. Die Gesellschaft nimmt die wichtige Rolle der Frau in der Landwirtschaft jedoch wenig zur Kenntnis und als Folge auch nicht ihre Rolle bei der Gewährleistung von Nahrungsmittelsicherheit.

Im ländlichen Raum sind Frauen Produzentinnen und Konsumentinnen, Versorgerinnen und Täterinnen, Opfer und Überlebende. Sie bearbeiten ein Stück Erde, das ihnen in den seltensten Fällen auch gehört. Ihre Arbeit wird nicht respektiert oder geschätzt. Daher sind sie auf sich allein gestellt, wenn es darum geht, die Versorgung mit Nahrungsmitteln zu verbessern und ihren 24-Stunden-Tag zu organisieren.

Die Diskriminierung von Kleinbäuerinnen ist nicht nur ungerecht. Sie schadet der Menschheit, weil sie Hunger schafft oder verstärkt. Gleichberechtigung zwischen den Geschlechtern ist ein Schlüsselfaktor, um landwirtschaftliche Entwicklung und

Ernährungssicherheit zu erreichen. Wenn der Zugang der Frauen zu Land, Vieh, Bildung, Finanzdienstleistungen, Technik und Wasser verbessert wird, würden mehr als 100 Millionen Menschen weniger nicht hungern.

Geschlechtergleichheit ist nach Meinung der Welternährungsorganisation zu Recht ein vornehmes Ziel, aber auch eine starke Geschäftsidee, um den Kampf gegen Hunger und absolute Armut nachhaltig zu gewinnen. Die Finanz- und Nahrungsmittelkrisen haben Fortschritte zugunsten einer größeren Geschlechtergerechtigkeit abgebremst. Dabei sollten gerade Frauen stärker dabei unterstützt werden, die wirtschaftliche Entwicklung auf dem Land voranzutreiben und Hunger und Armut abzubauen.

Frauenprojekte fördern die Ernährung der Weltbevölkerung

Die Frauen organisieren jeden Tag ein kleines Wunder. Das ist typisch für Frauenprojekte, die von kleinen zivilgesellschaftlichen Nichtregierungsorganisationen partnerschaftlich organisiert werden. Wenn die Frauen die strukturellen Schwächen ihrer Existenz erkennen und gleichzeitig erleben, dass die Schutzpflicht des Staates zur Stärkung des Rechts auf Nahrungsmittelsicherheit für sie nicht gilt, entsteht Eigeninitiative. Frauenprojekte können nicht die strukturellen Bedingungen für Nahrungsmittelsicherheit verändern, sie können allerdings dazu beitragen, dass an einem bestimmten Ort ein bestimmter Kreis von Frauen und ihre Familien aus der Hungerzone herausgelöst werden. Die Mikroprojekte setzen an der Definition des gemeinsamen Interesses und der Erkenntnis an, dass die Regierung nicht helfen wird, die Nahrungsmittelsicherheit zu verbessern. Sehr kreativ sind die Vorschläge der Frauen, die von ihren eigenen Befindlichkeiten und Möglichkeiten ausgehen. Sie bestechen durch ihren Realitätssinn und ihre Orientierung. Allerdings kollidieren derartige Projekte immer wieder mit den Rahmenbedingungen, die das Engagement der Frauen erschweren.

Es fehlt an Landreformen, die den Zugang der Frauen zu Grund und Boden, technischem Know-how und Ressourcen voranbringen. Viele der Landreformen, die zur Verbesserung der Lage der Frauen beitragen könnten, werden verzögert. Nach Kriegen und Katastrophen wie auf Sri Lanka wurden Frauen um ihr Eigentum gebracht. Aber: Frauen haben das Recht auf ein Stück Erde. Zu Recht hat die Aktionsplattform von Peking eine gendergerechte Eigentums- und Erbrechtsordnung angemahnt. Viele Entwicklungsländer haben ihre Eigentums- und Erbrechtsordnung entsprechend geändert. Allerdings scheitert die Umsetzung dieses Rechts häufig an traditionellen Einstellungen und dem Gewohnheitsrecht.

Neben der Eigentumsproblematik ist der Zugang der Frauen zu Know-how und Ressourcen von entscheidender Bedeutung. Wenn die Dorfbevölkerung Widerstand leistet, sind die Nahrungsmittelproduktionsprojekte der Frauen gefährdet. Das gilt insbesondere für den Zugang zu Wasser. Ein weiteres Entwicklungshindernis sind die unterentwickelten ländlichen Infrastrukturen. Damit wird der Marktzugang von Frauen ebenfalls erschwert.

Frauenprojekte sind innovativ. Sie verbinden Kompetenzaufbau mit *ownership*, nachhaltige Entwicklung mit besserer Ernährung und Einkommenserzielung. Es ist erstaunlich, dass Landfrauen in Asien, Afrika und Lateinamerika vergleichbare Wege finden, ihre Ernährungssicherheit zu verbessern. Sie setzen auf Eigentum an Grund und Boden – über die Dorfgemeinschaft in Afrika, Genossenschaften in Lateinamerika, die Solidarität der „besitzenden" Landfrauen mit „besitzlosen" Landfrauen. Diese Erfahrungen teilt der Marie-Schlei-Verein mit anderen Nichtregierungsorganisationen. Manchmal – wie in Guinea oder jetzt hoffentlich in Kenia – gelingt es, dass unsere Partnerinnen Landtitel über Gemeindeland übertragen bekommen. In anderen Projekten wie in Guatemala oder Nicaragua gibt es Frauengenossenschaften, die Land erwerben. Häufig hilft nur Solidarität: Für eine Art Musterfarm (zum Beispiel Gemüse, Kleinvieh) stellt eine wohlhabende Frau ihren Grund und Boden zur Verfügung, bis die Qualifizierungsmaßnahmen beendet sind und die neuen Anbaumethoden auf dem Familienland der Frauen angewandt werden können.

Agrarreformen, die Kleinbäuerinnen und Kleinbauern Land versprechen, sind unentbehrlich, sind sie doch in der Regel der einzige Weg, um problemlos Land zu erwerben. Allerdings halten viele Regierungen ihre Versprechen nicht oder verzögern Landreformen, wie dies in Nepal oder Kenia der Fall ist. Die Frauen können dann nur Land pachten oder sich gemeinschaftlich organisieren.

Das Zaubermittel „geteilter Landtitel" ist wenig erfolgreich, weil die überlieferten Rollen- und Verhaltensmuster Frauen häufig davon abhalten, sich ins „Landregister" eintragen zu lassen. Diese Erfahrung musste der Marie-Schlei-Verein selbst in Vietnam machen. Daher gehört Gendertraining in alle landwirtschaftlichen Projekte, um Vorurteile abzubauen und Geschlechterrollen zu ändern. Dabei kann durchaus neben den menschenrechtlichen und ethischen Aspekten der wirtschaftliche Nutzen von Geschlechtergleichheit in ländlichen Haushalten betont werden.

Innovativ sind Frauenprojekte ebenso, wenn sie die Zyklen der Agrarproduktion durchbrechen, wie Projekte in Asien, Afrika und Lateinamerika belegen. Frauen erkennen die Schädlichkeit saisonaler Produktion, weil sie ihre Ernte während der Erntesaison nur zu geringen Preisen verkaufen können. Wegen der schwierigen beziehungsweise nicht möglichen Lagerhaltung und Konservierung bleibt damit die Nahrungsmittelsicherheit auf wenige Monate beschränkt. Deswegen engagieren sich Frauen für neue Anbaumethoden, die ihnen saisonunabhängig Produktion und Einkommen ermöglichen. Regierungen und Initiatoren der Entwicklungszusammenarbeit müssen dringend in Dienstleistungen für arme Haushalte in ländlichen Regionen investieren und Kleinbäuerinnen an Beratungs- und Entwicklungsprogrammen beteiligen. Das gilt insbesondere für Afrika mit seiner heterogenen landwirtschaftlichen Produktion. Bildung und Qualifizierung sind wichtige Voraussetzungen für Erfolge in der Nahrungsmittelsicherheit. Auch das Recht auf Bildung ist ein Menschenrecht, das Frauen zusteht.

Voraussetzung für Produktivitätsfortschritte unabhängig von der Produktionsfläche ist die berufliche Qualifizierung. Trotz der Erfahrungen der Kleinbäuerinnen mit traditionellen Anbaumethoden müssen sie sich weiterbilden und ihr Wissen um Grund und Boden, seine optimale Bearbeitung, das richtige Saatgut, die richtige Fruchtfolge, Techniken und Gerätschaften erweitern. Ohne weitere landwirtschaftliche Fortbildung können sie auch mit Mikrokrediten keine nachhaltig höheren Erträge erwirtschaften, da sie nicht wissen, warum traditionelles Saatgut bei bestimmten Sorten und Anbauverfahren nicht zu Produktivitätssteigerungen beiträgt und wie sie Schädlingsbekämpfungsmittel und Dünger nachhaltig einsetzen können.

Innovativ sind Frauenprojekte auch, weil sie auf gutes Saatgut und veränderte Anbaumethoden setzen. Die notwendige Kooperation mit den Landwirtschaftsbehörden spielt dabei eine wichtige Rolle. Nützlich ist in diesem Zusammenhang der Zugang zu Kapital, den die Entwicklungsprojekte über Mikrokredite ermöglichen. Diese Mikrokredite sind ein erfolgreiches Instrument, wenn sie tatsächlich für Investitionen in Saatgut und Kompostierung, in landwirtschaftliches Gerät und Wassernutzung eingesetzt werden und eine soziale Kontrolle durch die jeweilige Frauengruppe möglich ist. Das bedeutet, dass die Trägerschaft des Projekts von außerordentlich hoher Bedeutung ist. Das partnerschaftliche Konzept des Marie-Schlei-Vereins sieht vor, dass die Verantwortung für die Projektdurchführung auf die Frauengruppen in Entwicklungsländern übertragen wird, die ihre Projekte selbst entwerfen. Die Frauengruppe übernimmt damit automatisch auch die Verantwortung für das Management des Mikrokredits. Somit entscheiden die Arbeit der Frauengruppe und ihre Zuverlässigkeit über die Projektförderung.

Auf diese Weise entsteht ein neues Selbstbewusstsein der Frauen in den Projekten, ihre Tätigkeit wird von der Dorfgemeinschaft respektiert und die kommunalpolitische Partizipation wird gefördert. Die Frauen sagen: Worte füllen keine Körbe. Der Marie-Schlei-Verein sagt: Auch Spenden füllen keine Körbe, können aber dazu beitragen, dass Körbe von den Frauen vor Ort gefüllt werden, wenn sie ihr Stück Erde besitzen.

Drei Projektbeispiele des Marie-Schlei-Vereins

Nepal: 45 Frauen (je 15 aus drei Distrikten) haben in einem *training of trainers* gelernt, wie sie verbessertes traditionelles (für *on-season farming*) und neuartiges Saatgut (für *off-season farming*) verwenden können. Sie wurden darin geschult, Bewässerung und landwirtschaftliche Geräte, Dünge- und Schädlingsbekämpfungsmittel gezielt einzusetzen, sodass sie neben dem Anbau der traditionellen Nahrungsmittel während der Saison auch außerhalb der Saison landwirtschaftliche Produkte anbauen und damit ihre Ernteerträge verdoppeln können. Zusätzlich wurden sie darin geschult, wie sie die erworbenen Kenntnisse an andere Frauen in ländlichen Gebieten weitergeben können. So bildeten sie in jedem Distrikt weitere 45 Frauen aus, die wiederum ihre Kenntnisse im Schneeballprinzip an die Spargruppen von jeweils zehn bis 15 Frauen weitergaben. Problematisch war, dass aufgrund der politischen Unruhen zwischen 1996 und 2006 viele Frauen und Familien von ihren Grundstücken vertrieben wurden. Die in der neuen Verfassung vorgesehene Landreform, die Frauen Zugang zu Eigentum verschaffen kann, wurde verschoben. Dadurch müssen die Frauen zusätzlich Land anpachten, weil viele von ihnen kein eigenes Land besitzen, oder das Land ihres Mannes bestellen. Andere Frauen müssen Land pachten und 50 Prozent ihrer Erträge an den Verpächter abgeben. Die Palette der traditionellen Anbaugüter wie Reis, Weizen und Mais sowie Zwiebeln und Saag (Blattspinatsorte) wurde ausgedehnt auf Pilze, Kürbisse, Gurken, Mohrrüben, Paprika und Tomaten. Ihre Erträge steigen um 200 Prozent jährlich. Kurse zu „Rechte der Frau" sind Bestandteil der Qualifizierung.

Nicaragua: Der Gemüseanbau konzentrierte sich bisher auf Bohnen und Melonen und beschränkte sich auf den Hausgarten. Auf dem Wege der Ausbildung von 120 Frauen wurden neue Anbau- und ökologisch orientierte Dünge- und Schädlingsbekämpfungsmethoden etabliert, weitere Gemüsesorten wie zum Beispiel Zucchini und Gurke eingeführt und eine gemeinschaftliche Vermarktung organisiert. Schwerpunkt war auch hier die Verbesserung des Know-hows beim Gemüseanbau, damit effektiver gewirtschaftet wird und die vorhandenen Ressourcen besser genutzt werden. Die Projektfinanzierung umfasst die Qualifizierung im Gemüseanbau, die Schulung im Genossenschaftswesen, Kurse zu „Rechte der Frau", die Erstinvestition in hochwertiges Saatgut, Werkzeuge, Kompostierung, Dünger und Schädlingsbekämpfungsmittel. Durch den Anbau unterschiedlicher Gemüsesorten wird der Boden geschont und Erosion vermieden und durch den Einsatz von biologischem Dünger und Pestiziden eine höhere Produktivität erreicht. Innovativ waren das Engagement und der Aufbau von zehn Frauengenossenschaften für neun Gemüsegärten und eine Käserei. Die Gemeinschaftsgärten wurden teilweise von Mitgliedern der Genossenschaft zur Verfügung gestellt, andere wurden gepachtet. Neben der Bewirtschaftung der Gemeinschaftsgärten setzen die Frauen die neuen Anbaumethoden auch in ihren Hausgärten um und verbessern damit die Ernährung ihrer Familie – drei Mahlzeiten täglich sind selbstverständlich geworden.

Kenia: Drei Frauengruppen mit insgesamt 120 Mitgliedern organisieren zur Bekämpfung von Hunger und Armut ein integriertes und zeitliche abgestimmtes Ausbildungs- und Produktionsprojekt mit der Anlage von Fischteichen und der

Aufzucht von Fischen, Geflügelhaltung und Bienenzucht. Damit verbessern sie sowohl kurz- als auch langfristig ihr Einkommen, aber auch die Ernährungslage in den Dörfern und tragen mit den neuen Herausforderungen und Erfolgen zum Abbau von Ungleichheit zwischen den Geschlechtern bei. Frauen und Familien können sich Fisch als Nahrungsmittel leisten und für eine proteinhaltige Ernährung sorgen, weil die Fischzucht in den selbst angelegten Fischteichen preisgünstiger ist und auf den lokalen Märkten Fisch verkauft werden kann. Solange in Kenia die versprochene Landreform aufgeschoben ist, stellt die Gemeinde das Land für die Fischteiche zur Verfügung. Die Hühnerhöfe sind auf privatem Grund und Boden aufgestellt, die von einer Gruppe von Frauen betrieben werden. Später soll jede der 120 Frauen einen Hühnerhof besitzen. Kurzfristig erzielen die Frauen eine Verbesserung ihrer Ernährungslage, weil ihnen täglich Eier zur Verfügung stehen. Später soll auch das Fleisch verwertet werden. Land ist Mangelware, deswegen stellen die Frauen ihre Bienenstöcke in die kommunalen Wälder, die gewohnheitsrechtlich alle nutzen dürfen. Der Honig stärkt das Immunsystem, desinfiziert und enthält Kalorien und Vitamine. Der erste Honig wird nach vier Monaten geerntet. Die Projektfinanzierung umfasst die berufliche Qualifikation und Kurse zu „Rechte der Frau", aber auch die Investitionskosten für Teiche, Fische, Hühner, Bienen und Bienenstöcke.

Ein Stück Erde für jede Frau

Die Erfahrungen der Frauen sprechen sich in den Dörfern herum. Neue Kooperationen entstehen. Gemeinden stellen Frauen Land zur Verfügung. Sicherheit haben die Frauen dadurch allerdings nicht. Landreformen zugunsten der Kleinbäuerinnen und Kleinbauern sind ein Schlüssel für gesicherte Existenzen. In Anlehnung an den berühmten Satz von Mao Tse-tung „den Frauen die Hälfte des Himmels, die Hälfte der Erde" wird allen Frauen „ein Stück Erde" gehören müssen, um ihr Recht auf Nahrungsmittelsicherheit durchzusetzen.

VANDANA SHIVA

Gesundheit vom Acker – Frauen nutzen ihr Wissen zur Sicherung der Ernährung*

Betrachtet man ethische Fragen der Ernährung der Weltbevölkerung, ist es wichtig, über die Rolle der Nahrungsmittel nachzudenken. Es ist nicht so sehr die Beziehung des Menschen zu Nahrungsmitteln, die Wirkung entfaltet, es sind vielmehr die Nahrungsmittel selbst. Wenn man sich das Gefüge des Lebens genau ansieht, dann erkennt man, dass das Leben von Nahrung abhängt. Wenn etwas beginnt, sich in die falsche Richtung zu entwickeln, dann liegt es daran, dass das Gefüge des Lebens gestört ist.

Frauen haben eine besondere Beziehung zur Ethik der Ernährung, denn sie betrachten Nahrungsmittel als Nahrung und nicht als Ware. Es ist ein großer Unterschied, ob man Nahrungsmittel als Ware betrachtet oder zuallererst an die Ernährung denkt. Wenn man Nahrungsmittel als Ware betrachtet, dann kann man damit Treibstoff für Autos produzieren. Dann ist es auch egal, ob damit Tiere in fabrikähnlichen Anlagen gefüttert werden, in denen heute weltweit das meiste Futter eingesetzt wird.

Wir haben für Indien einmal berechnet, was passiert, wenn sich die Wünsche der Futtermittelindustrie erfüllen. Dabei handelt es sich ausschließlich um Hühnerfutter, weil für Hindus Kühe heilig sind und für Muslime Schweinefleisch nicht infrage kommt. Daher gibt es keine industriemäßige Haltung von Rindern und Schweinen, sondern lediglich von Geflügel. Aber selbst wenn nur die Geflügelindustrie ihre

---

* "Health per acre – women's knowledge for food and nutritional security", aus dem Englischen übersetzt von ECHOO Konferenzdolmetschen, Berlin.

Vorstellungen umsetzen könnte, blieben in den nächsten zehn Jahren keine ausreichenden Anbauflächen für die Erzeugung von Nahrungsmitteln für die Menschen übrig. Der Wettbewerb zwischen der Erzeugung von Nahrungsmitteln für den Menschen, Biokraftstoffen und Viehfutter verschärft sich, wenn Nahrungsmittel eine Ware sind und damit zum Spekulationsobjekt werden. Dies wird nach dem Platzen der Immobilienblase und den Spekulationen mit nicht gesicherten Hypothekenkrediten weiter zunehmen. Wenn man bedenkt, wie Spekulanten von Immobilien zu Boden und Nahrungsmitteln als den beiden wichtigsten Investitionsobjekten gewechselt sind und wie das einerseits die Lebensmittelpreise in die Höhe getrieben und andererseits den Landraub angeheizt hat, dann ist völlig klar, dass wir ein neues Denken über Nahrungsmittel brauchen und den Nahrungsmitteln den Warencharakter nehmen müssen.

Nach dem Verständnis der Frauen sind Nahrungsmittel für die Ernährung da: Sie bauen die Feldfrüchte an, um die Ernährungssituation zu verbessern. Es sind auch die Frauen, die die Nahrungsmittel verarbeiten und das meiste davon auf den Tisch bringen. Sie wissen, dass es auf die Qualität des Essens ankommt und nicht auf die Quantität. In der Welt der Waren ist die Menge entscheidend. Bei der Ernährung zählt vielmehr die gesundheitsfördernde Qualität der Nahrungsmittel.

Wenn Frauen selbst entscheiden können, bauen sie nahrhafte Hirse an, wie es das Beispiel aus Orissa zeigt.[1] Wenn Frauen frei wählen können, ziehen sie wertvolles Gemüse und sichern damit ihren Kindern und ihren Familien eine angemessene Ernährung. Wenn Nahrungsmittel jedoch eine Ware sind, werden nicht nur mit Nahrungsmitteln Gewinne gemacht, sondern es wird auch der Aufwand für den Anbau von Nahrungsmitteln zur Gewinnerzielung genutzt. Dies stellt ein großes Problem dar. Schließlich lassen sich die meisten Entwicklungen in der industriellen Landwirtschaft – seien es die synthetischen Düngemittel oder Pestizide – auf Kriege zurückführen. Es war ein vergiftetes Denken, das toxische landwirtschaftliche Produkte hervorgebracht hat. Die entscheidende Frage hierbei ist jedoch, wie diese Produkte verkauft werden. Die grüne Revolution wird als eine Geschichte wachsender Nahrungsmittelproduktion dargestellt. In Wirklichkeit war es allerdings das Ziel, Chemikalien zu verkaufen, indem Zwergsorten der Pflanzen gezüchtet wurden, die im Gegensatz zu den einheimischen Sorten größere Mengen Chemikalien aufnehmen können.

Wir haben Berechnungen angestellt, die zeigen, dass sich der Erfolg der grünen Revolution im Bundesstaat Punjab vollständig mit der erweiterten Anbaufläche für Weizen und Reis sowie der vermehrten Bewässerung erklären lässt. Es war weder das neue Saatgut, noch waren es die neuen Chemikalien, die zum Anstieg geführt haben. Es wäre auch denkbar gewesen, mit Biolandbau und einheimischem Saatgut

---

1   Zu den Erfahrungen aus einem Entwicklungsprojekt aus Orissa siehe Beitrag von Martin Bröckelmann-Simon.

dieselben Ertragssteigerungen bei Reis und Weizen zu erzielen. Der Flächenertrag ist darüber hinaus ein äußerst irreführender Indikator, weil er die Kosten außer Acht lässt.

In den reichen Industriestaaten werden diese hohen Kosten durch die 400 Milliarden Dollar ausgeglichen, mit denen diese Länder die Landwirtschaft subventionieren. Im Süden müssen die Bauern die Lasten überwiegend selbst tragen. Auf diese Weise entsteht die sogenannte Negativwirtschaft, in der die Kosten höher sind als der Gewinn, den ein Bauer durch den Verkauf seiner Produkte erzielen kann. Dies erklärt, weshalb Kleinbauern zu den Hungernden zählen.

In der Organisation *Navdanya* experimentieren wir auf Parzellen mit einer Größe von einem Morgen unter Einsatz geeigneter Flächennutzungsverfahren und ökologischer Systeme. Damit ist es möglich, eine fünfköpfige Familie gut zu ernähren und auch noch einen Überschuss für den Verkauf zu erwirtschaften. Ein durchschnittlicher Grundbesitz mit einer Größe von zwei Hektar ist in Indien mehr als ausreichend, vorausgesetzt, die Bauern geben nicht ihr gesamtes Geld für Chemikalien und teures, nicht vermehrungsfähiges Saatgut aus. Doch was geschieht, wenn der Bauer seine Ernte umgehend verkaufen muss, um den aufgenommenen Kredit zurückzuzahlen? Der Schuldenkreislauf erklärt, warum heutzutage die Produzenten von Agrargütern die Mehrheit der Hungernden bilden. Sie müssen aus der Schuldenfalle geholt werden, um das Hungern zu beenden. Dies kann nur durch eine Umstellung auf Biolandbau erreicht werden, bei dem die eigenen Ressourcen genutzt werden und nur sehr geringe Kosten entstehen.

Ein zweites, äußerst tragisches Phänomen, das in den vergangenen 15 Jahren der Handelsglobalisierung und -liberalisierung in Indien zu beobachten ist und das mit den hohen Kosten zusammenhängt, sind die Selbstmorde unter Bauern. In den vergangenen 15 Jahren haben sich 250.000 indische Bauern das Leben genommen. Die Ursache hierfür waren Schulden, die größtenteils aufgrund der hohen Preise für Saatgut und Chemikalien entstanden waren. Als Baumwollsaatgut im Zuge der Globalisierung zum Monopol wurde, explodierte der Preis auf 8.000 Prozent. Der Einsatz von Pestiziden hat sich verdreizehnfacht, was eine Kostensteigerung von 1.300 Prozent bedeutet. Mit einem solchen Produktionskostenanstieg kann kein Bauer mithalten.

Dagegen zeigt unsere Arbeit mit Bäuerinnen in *Navdanya* unter Nutzung der Artenvielfalt, dass man nicht nur die Nahrungsmittelproduktion steigern, sondern durch den Umstieg auf Biolandbau sogar die Nettoeinkommen der Bauern verbessern kann. Deshalb verwenden wir nicht mehr den Ertrag pro Flächeneinheit als Kennzahl, sondern Gesundheit pro Flächeneinheit. Bei Nahrungsmitteln geht es um Ernährung, also sagt die pro Flächeneinheit erzeugte gesunde Nahrung mehr aus über die ausgeklügelten Anbausysteme als der Ertrag eines einzelnen Produkts in einer Monokultur mit hohen Kosten.

In meiner Region im Himalaja testen wir den Anbau von sechs Feldfrüchten. Der Boden ist karg, die terrassierten Felder sind klein und es gibt keine Bewässerung, sodass die Bauern auf die Niederschläge angewiesen sind. Die Produktion ist demnach eher diversifiziert und ökologisch, weniger eine chemische Monokultur. Der Eiweißgehalt beträgt 338 im Vergleich zu 90, bei Betakarotin ist das Verhältnis 2.540 zu 24, bei Eisen 100 zu 38. Diese Steigerung ist besonders wichtig, da Eisen lebensnotwendig ist. Der Kalziumgehalt, der so wichtig ist für den Knochenaufbau bei Kindern und für Frauen zum Schutz vor Osteoporose, beträgt 3.420 zu 120. Bei Phosphor sind die Zahlen 6.000 zu 2.000, bei Magnesium 2.000 zu 1.000, bei Kalium 4.000 zu 0. Jeder dieser Stoffe ist aber auch für die Bodenfruchtbarkeit wichtig. Schließlich geht es bei der grünen Revolution um NPK-Dünger.[2] Wenn man den NPK-Gehalt nicht über die angebauten Pflanzen wieder anreichert, werden eines Tages die Stickstoffdüngemittel knapp, denn die Ausbeutung fossiler Brennstoffe hat ihren Höhepunkt erreicht. Auch Phosphate werden knapp.

Die weltweiten Vorräte reichen noch für 20 Jahre. Ohne ein radikales Umdenken bei Bodenpflege und Ernährung der Menschen, wird es eine schwere Krise der Ernährungssicherheit geben. Auf der Grundlage der konkreten Erfahrungen mit den von Frauen entwickelten Anbaumethoden haben wir festgestellt, dass es, übertragen auf den nationalen Maßstab, genügend Energie und Kalorien für 2,4 Milliarden Menschen gibt, genügend Eiweiß für 2,5 Milliarden Menschen und genügend Folsäure für 1,7 Milliarden Schwangere. Das ist das Doppelte der Bevölkerung Indiens.

Der Weltagrarbericht (IAASTD) besagt ebenfalls, dass die Ökosysteme mehr produzieren können. Der UNO-Berichterstatter betonte, dass die Lebensmittelproduktion innerhalb von drei Jahren mit Hilfe der Agrarökologie verdoppelt werden könnte. Das Problem besteht jedoch darin, dass ein internes Aufwandsystem auf den Bedürfnissen der Natur, der Frauen, der lokalen Gemeinschaften und ihrem Wissen beruht. Ein externes Aufwandsystem hingegen basiert auf Unternehmensgewinnen. In der Nahrungsmittelproduktion können Unternehmensprofite als Großteil des Problems nicht ignoriert werden. Besonders im Zusammenhang mit dem Saatgutmonopol stellt sich eine wichtige ethische Frage, die bereits bei der Patentierung von Saatgut beginnt. So wurde erst kürzlich eine Melone aus Indien mit besonderen genetischen Eigenschaften patentiert. Auch mit Blick auf das Produktionssystem und das Verteilungssystem werden ethische Fragen aufgeworfen. Da die Globalisierung unser nationales System der allgemeinen und öffentlichen Verteilung von Lebensmitteln zerstört hat, dessen Ziel die Ernährung der indischen Bevölkerung war, ist unser Anspruch auf Lebensmittel von 178 Kilogramm pro Kopf und Jahr auf 150 Kilogramm pro Kopf und Jahr gesunken. Wir dürfen auch nicht vergessen, dass

---

2　Unter NPK-Dünger (oder auch Volldünger) versteht man Mehrnährstoffdünger, die die Nährelemente Stickstoff, Phosphor und Kalium enthalten.

heute noch 70 Prozent aller Nahrungsmittel in der Welt von Kleinbauern erzeugt werden.

Die industrielle Landwirtschaft liefert nur einen unwesentlichen Beitrag zur Versorgung, auch wenn immer behauptet wird, dass die Welt von den Großunternehmen ernährt werde und die Kleinbauern das Problem seien. Ein besondere Herausforderung besteht darin, dass nun, nach dem Scheitern der grünen Revolution in Indien, die den Boden und das Wasser ruiniert, die Artenvielfalt zerstört und die Bauern in Schulden gestürzt hat, diese Art der Landwirtschaft in Gestalt einer Allianz für eine grüne Revolution nach Afrika importiert wird. In Afrika verfügen die Einheimischen über wertvolles lokales Wissen, und Afrika liefert auch reiches genetisches Material, das die Welternährung sichern könnte. Stattdessen wird in Südafrika eine Fabrik für Hybridmais gebaut. Jahre später werden dann Nichtregierungsorganisationen im Land unterwegs sein.

Es stellt ein ethisches Problem dar, wie der Welt nicht nachhaltige, unproduktive, verschwenderische Systeme aufgezwungen werden. Ein Thema, das in diesem Zusammenhang kaum eine Rolle spielt, ist die von der Globalisierung geschaffene Wechselbeziehung zwischen unseren Produktionssystemen und Ihren Verteilungssystemen. Indien wurde von der Welthandelsorganisation gezwungen, quantitative Beschränkungen aufzuheben und sich dem Dumping zu öffnen. Es musste seine Patentgesetze ändern und die Patentierung von Saatgut zulassen, doch diese unter Druck zustande gekommenen Schritte sind demokratisch nicht legitimiert. Die Welthandelsorganisation versagt und die Verhandlungen kommen nicht voran, aber in den bilateralen Verhandlungen zwischen den USA und Indien zur Landwirtschaft zeigen sich große Fortschritte. Darüber hinaus gibt es einen sehr geheimnisumwitterten Freihandelsvertrag zwischen Europa und Indien mit einer Landwirtschaftskomponente, von dem weder die Bürger Europas noch Indiens etwas wissen.

Wenn wir den Nahrungsmitteln ihren Warencharakter nehmen und ihnen wieder ihren Platz in der Ernährung zurückgeben wollen, dann ist der freie Handel ein untaugliches Mittel. Nahrungsmittelsouveränität ist das richtige Instrument im Umgang mit Lebensmitteln. Dabei muss die Souveränität der Frauen im Mittelpunkt stehen, denn Frauen wissen, wie man mit weniger mehr produziert. Sie haben gelernt, in verschiedene Richtungen zu denken; in ihrem Denken gibt es keine Monokultur. Am wichtigsten ist aber, dass auch heute noch Frauen die Hauptlieferanten von Nahrungsmitteln sind, und es würde sich lohnen, sie zu fragen, wie ihnen das so gut gelingt, denn internationale Agenturen wissen es ganz offensichtlich nicht.

FRANZ HEIDHUES

Partizipation und lokales Wissen als tragende Elemente der Nachhaltigkeit von Projekten

Nachhaltigkeit ist ein schillernder Begriff und wird abhängig vom Situationszusammenhang unterschiedlich definiert. Mindestens drei Disziplinen beanspruchen für sich die Urheberschaft: Forstwirtschaft, Bodenkunde und Fischerei. Die Forstwirtschaft hat anfänglich die nachhaltige Nutzung eines Waldes definiert als Begrenzung des Holzeinschlags auf die Menge des nachwachsenden Holzes. In der Bodenkunde spricht man von nachhaltiger Nutzung, wenn der „Wert des Bodens" (Struktur und Ertragsfähigkeit) erhalten bleibt. In ähnlicher Weise definiert man nachhaltige Fischwirtschaft als die Nutzung von Fischressourcen, in der der Fischfang auf die Menge der nachwachsenden Fischpopulation begrenzt ist. Dieser Beitrag konzentriert sich auf die Nachhaltigkeit von Entwicklungsprozessen, insbesondere in der Nutzung von natürlichen Ressourcen. Die Brundtland-Kommission hat nachhaltige Entwicklung wie folgt definiert: "Sustainable development is development that meets the needs of the present without compromising the ability of future generations to meet their own needs."[1] Der Kerninhalt des Nachhaltigkeitskonzepts ist, dass die Entscheidungen heute die Möglichkeiten zukünftiger Generationen, ihre Lebensbedingungen zu erhalten oder zu verbessern, nicht einschränken dürfen.

Nachhaltigkeit in der Entwicklung umfasst drei Komponenten: die ökologische Nachhaltigkeit in der Nutzung von natürlichen Ressourcen, das heißt, natürliche Ressourcen sollten in ihrer Qualität und Vielfalt erhalten oder verbessert werden; die

---

1   Die Brundtland-Kommission (*World Commission on Environment and Development*) veröffentlichte 1987 den Bericht „Our Common Future", in dem erstmals das Konzept der nachhaltigen Entwicklung formuliert und definiert wurde.

ökonomische Nachhaltigkeit, das heißt, Entwicklungsaktivitäten müssen wirtschaftlich vorteilhaft sein und sich den beständig ändernden Rahmenbedingungen anpassen können; und die soziale/kulturelle Nachhaltigkeit, das heißt, Entwicklungsprozesse und -maßnahmen müssen im soziokulturellen Kontext akzeptabel sein und grundlegende Bedürfnisse breiter Bevölkerungsschichten befriedigen. Damit wird auch deutlich, dass Nachhaltigkeit kein statisches, sondern ein dynamisches Konzept ist, das in konkreten Situationen an die Veränderungen in Raum und Zeit angepasst werden muss.

Um diese Bedingungen der Nachhaltigkeit zu erfüllen, ist das Einbinden der lokalen Bevölkerung unverzichtbar. Je komplexer die ökologischen, ökonomisch-institutionellen und soziokulturellen Rahmenbedingungen sind, umso notwendiger ist das Nutzen lokalen Wissens und die Beteiligung der betroffenen Bevölkerung. Um dies zu verdeutlichen, sei auf Innovations- und Entwicklungsprozesse in den Bergregionen Südostasiens verwiesen[2]: Bergregionen sind typischerweise ökologisch sehr divers, höchst empfindlich und komplex vernetzt. Es sind oft ökonomische Grenzgebiete in unerschlossenen Regionen, weit entfernt von Märkten mit schwachen Institutionen und begrenztem Zugang zu Produktmärkten, Düngemittel- und Saatgutversorgung, ländlichen Finanzinstitutionen und landwirtschaftlicher Beratung. Und sie zeichnen sich aus durch ethnische Diversität mit unterschiedlichen Sprachen, kulturellen Traditionen, Bräuchen und Religionen. Als ethnische Minderheiten haben die Bergvölker darüber hinaus oft Schwierigkeiten beim Zugang zu Schulen und weiterbildenden Einrichtungen. Von der Teilnahme an politischen Prozessen sind sie häufig ausgeschlossen.

Ein Top-down-Entwicklungsansatz (übrigens generell problematisch) kann insbesondere in solchen komplexen Situationen nicht erfolgreich sein. Verbesserungen in nachhaltiger Landnutzung, Entwicklung, Einführung und Akzeptanz von Innovationen und Änderungen im Verhalten können ohne Integration lokalen Wissens nicht erfolgreich sein. Neue Ansätze der Partizipation und institutionelle Kooperationsformen sind notwendig. Der traditionelle Beratungsansatz, in dem Neuerungen typischerweise von der Forschung, gelegentlich in Kooperation mit der staatlichen Beratung, entwickelt und dann den Bauern vermittelt werden, muss zum Konzept „Wissenspartnerschaften" weiterentwickelt werden, in dem Bauern, Stakeholder aus Kommunen, lokalen Institutionen und Nichtregierungsinstitutionen sowie Forscher und Berater sich zusammenfinden.

Forschung und Innovationsentwicklung bleiben wichtige Partner, indem sie neue Techniken und institutionelle Verbesserungen konzipieren. Allerdings ist für die Entwicklung von problemrelevanten und in die Praxis umsetzbaren Innovationen

---

2　Forschungsregion des von der Deutschen Forschungsgemeinschaft geförderten Sonderforschungsbereichs „Nachhaltige Landnutzung und ländliche Entwicklung in Bergregionen Südostasiens" der Universität Hohenheim (SFB 564), online im Internet: http://sfb564.uni-hohenheim.de [21.9.2012].

das frühe Einbinden der lokalen Bevölkerung und ihres Wissens in Forschungs- und Innovationsvorhaben von Anfang an erforderlich. Je vielfältiger und komplexer die ökologischen, institutionellen, soziokulturellen Rahmenbedingungen sind, umso wichtiger ist es, das lokale Wissen in die Innovationsentwicklung zu integrieren.

Nachhaltigkeit in Entwicklungsprozessen erfordert auch, dass diese Prozesse von den Menschen vor Ort mitgetragen werden (*ownership*). Dies kann nur erreicht werden, wenn die betroffenen Menschen schon bei der Identifizierung von Entwicklungsaktivitäten, weiter bei der Planung und dann bei der Implementierung aktiv beteiligt werden. Hierbei ist besonders wichtig, auch die Frauen einzubeziehen. Sie spielen in vielen Bereichen gerade der lokalen Entwicklung eine zentrale Rolle, so zum Beispiel in Nahrungsproduktion und Ernährung, Gesundheit, Wasserversorgung und Hygiene, Erziehung, Vermarktung und handwerklichen Aktivitäten. Nachhaltige Projekte erfordern, Frauen gleichberechtigt und mit vollen Zugangsrechten zu Ressourcen und Institutionen in die Entwicklung einzubinden.

Echte Partizipation ist ein langwieriger und zeitaufwendiger (Lern-)Prozess. Partizipation ist besonders schwierig in zentralistischen/hierarchischen Strukturen zu realisieren. Absichtserklärungen stehen dann oft in Konflikt mit der Realität. Eine weitere Herausforderung besteht darin, die „Fallstricke der Partizipation" zu vermeiden, also eine Lösung auf die Fragen zu finden: Wer partizipiert? Wie kann den Armen (und oft Abhängigen) auf der dörflichen Ebene eine Stimme gegeben, wie die Gefahr der Elitenauswahl vermieden werden? Wie kann sichergestellt werden, dass die Informationen nicht falsch interpretiert werden? Partizipation macht neue Formen der institutionellen Zusammenarbeit notwendig, bedeutet Verlagerung der Planungs- und Entscheidungskompetenz von der zentralen auf die lokale Ebene und erfordert vor allem Übertragung von notwendigen Finanzmitteln, oft auch die Übertragung von Teilen der Steuerhoheit und des Rechts, Gebühren zu erheben, auf lokale Institutionen. Die Schwierigkeiten dieser institutionellen Veränderung werden zu häufig unterschätzt. Die Dezentralisierung von Entscheidungsbefugnissen trifft auf oft hartnäckigen Widerstand der zentralen Entscheidungsträger, zumal damit auch Abschöpfungsmöglichkeiten verloren gehen.

Nachhaltigkeit in all ihren Dimensionen zu erreichen, ist ein ambitioniertes Ziel und eine enorme Herausforderung, aber keine Unmöglichkeit!

JÖRG HEINRICH

Wasserverfügbarkeit in Zeiten des Klimawandels

Jedes Schulkind weiß: Ohne Sonnenenergie, Wasser und pflanzliche Biomasse ist der Mensch nicht überlebensfähig. Allerdings haben wir inzwischen in beunruhigendem Ausmaß in das natürliche Ökosystem eingegriffen und es mit schwerwiegenden Folgen für den Menschen und Auswirkungen auf Biodiversität und Wasserverfügbarkeit verändert. Wasser ist unersetzlich. Verschmutztes Wasser oder Wassermangel ist für Menschen lebensbedrohlich. Wasser ist die Schlüsselvariable für landwirtschaftliche Produktion und damit die Ernährungssicherung. Doch der Kampf um Ressourcen hat längst begonnen und Entscheidungen über Zugang und Verteilung von Wasser sind brisant und hochpolitisch. Erfolgreiches Wassermanagement ist heute mehr denn je entscheidend für die Lösung der sozioökonomischen und umweltpolitischen Probleme, vor denen wir weltweit stehen. Wie wir heute mit den Wasserressourcen umgehen, wird darüber entscheiden, ob wir Hunger und Armut überwinden und den Weg zu einer wirklich nachhaltigen Lebenssicherung ebnen.

Wasserknappheit und Ernährungssicherung

Theoretisch könnte die weltweite Nahrungsmittelproduktion die gesamte Weltbevölkerung mit durchschnittlich 2.700 Kalorien täglich versorgen. Trotzdem hungert knapp eine Milliarde Menschen auf unserem Planeten oder ist unterernährt. Auch Wasserressourcen sind global in genügendem Ausmaß vorhanden, um selbst bei wachsender Weltbevölkerung alle Nutzer, also Menschen und Ökosysteme, zu versorgen. Was aber den Zugang zu Wasser angeht, ergibt sich ein anderes Bild: Nach Angaben der Vereinten Nationen werden bis 2025 drei der dann 8,5 Milliarden Menschen unter Wasserknappheit[1] leiden. Über 80 Prozent davon werden in Entwicklungsländern – überwiegend in ländlichen Regionen – leben, wo heute immer noch 900 Millionen Menschen keinen Zugang zu sauberem Trinkwasser haben. Jährlich sterben 1,9 Millionen Menschen an den Folgen verunreinigten Trinkwassers und 2,6 Milliarden Menschen fehlt der Zugang zu angemessenen sanitären Anlagen.

Bei regionaler Betrachtung erweisen sich der Zugang zu Nahrung und Wasser oft als katastrophal schlecht. Während beispielsweise in Süd- und Ostasien deutliche Erfolge im Bereich der Ernährungssicherung verzeichnet werden konnten, hat sich die Lage in vielen Teilen Afrikas verschlimmert. Dort ist die absolute Zahl der Hungernden in den vergangenen 20 Jahren stark angestiegen. Auch die Verfügbarkeit von Wasser ist regional sehr unterschiedlich. Besonders in den Trockengebieten der Erde – das sind immerhin 41 Prozent der Landoberfläche mit mehr als zwei Milliarden Menschen, hauptsächlich in Entwicklungsländern – erhöhen Wasserknappheit und extreme Wetterereignisse die Verwundbarkeit der Bevölkerung sowie die Armut und können zu lokalen Konflikten und Migration führen. Die Verwundbarkeit ist in diesen Ländern besonders hoch: auf der einen Seite die extremen klimatischen Bedingungen, auf der anderen die Abhängigkeit von der Landwirtschaft und den natürlichen Ressourcen sowie die geringe (und geringer werdende) Fähigkeit, sich Veränderungen anzupassen.

Gründe für Wasserknappheit liegen oft in der Übernutzung und Verschwendung von Ressourcen. Vor allem in der Landwirtschaft wird viel Wasser verschwendet. Ineffektive Bewässerungsmethoden, nicht angepasste Produktionstechniken und eine marode Infrastruktur verursachen enorme Verluste. Die Zahl der Gebiete, in denen insgesamt mehr Wasser entnommen wird, als sich durch Zufluss wieder anfüllt, wächst ständig. In Teilen Indiens, Chinas oder in Nordafrika und dem Mittleren Osten ist die Übernutzung zum akuten Problem geworden. Grundwasserspiegel sinken um mehrere Meter pro Jahr, in einzelnen Gebieten muss inzwischen bis zu 300 Meter tief gebohrt werden – früher waren es an den gleichen Stellen oft nur 10 Meter –, um Wasser zu finden.

Hinzu kommt, dass der Kampf um die knappe Ressource Wasser immer mehr konfliktträchtige Regionen entstehen lässt. In Kenia, im Sudan oder der Elfenbeinküste eskalieren Konflikte zwischen sesshaften Bauern und Hirten (Nomaden) um Wasserstellen.

---

1   Bei Verfügbarkeit von mehr als 1.700 Kubikmeter Trinkwasser pro Land, Jahr und Kopf spricht man von einer *relativen Hinlänglichkeit von Wasser* (Probleme sind selten und regional begrenzt). Liegt die Verfügbarkeit zwischen 1.000 und 1.700 Kubikmeter, liegt *Wasserstress* vor, das heißt, Wassermangel ist weit verbreitet. Bei unter 1.000 Kubikmeter tritt Wasserknappheit ein, das heißt, *Wassermangel* ist chronisch. Unter 500 Kubikmeter entspricht *absoluter Wasserknappheit* (Sager, zitiert nach Fröhlich 2006, 32).

Blaues und grünes Wasser

Von der auf der Erde verfügbaren Wassermenge sind lediglich 2,5 Prozent Süßwasser (35 Millionen Kubikkilometer). Von diesen 2,5 Prozent sind 68,75 Prozent in Gletschern und ständiger Schneedecke für den Menschen unzugänglich. 30 Prozent macht das Grundwasservorkommen aus, 0,98 Prozent Bodenfeuchtigkeit, Dauerfrost sowie Sumpfwasser und nur 0,27 Prozent werden in Flüssen und Seen geführt. Wenn man berücksichtigt, dass global gesehen 70 Prozent des Wassers (in wasserarmen Ländern sogar bis zu 90 Prozent) für die Bewässerung in der Landwirtschaft eingesetzt werden, wird deutlich, dass Nahrungsmittelproduktion mit hohem Bewässerungsanteil sehr stark von der Wasserverfügbarkeit abhängig ist. Zwar wird die Ernährungssicherheit auch von anderen Faktoren wie mangelnder Kaufkraft, Weltmarktpreise, Naturkatastrophen, Übernutzung oder unzureichender Anbautechniken beeinflusst, die zunehmende Verknappung von Wasser bleibt aber einer der zentralen kritischen Faktoren.

Neben der Bedeutung von Wasser für die Lebensmittelproduktion wird Wasser noch in der Industrie (20 Prozent) und in privaten Haushalten (10 Prozent) genutzt. Auch beim Schutz der Biodiversität, der Erhaltung der Funktionstüchtigkeit von Ökosystemen wie Wäldern, Feuchtgebieten oder Wassereinzugsgebieten, ist Wasser unabdingbar. Diese Faktoren verschärfen die Konkurrenz um Wasser bei gleichzeitiger Notwendigkeit einer Steigerung der Nahrungsmittelproduktion.

Verschärfter Wassermangel durch Klimawandel

Die Nahrungsmittelerzeugung hängt im Wesentlichen von der Wasserverfügbarkeit ab und diese wiederum wird durch Niederschläge sichergestellt. Der Klimawandel verändert aber den globalen Wasserkreislauf und führt zu regional zunehmenden, aber auch abnehmenden Niederschlägen. Besonders in Subsahara-Afrika ist die Landwirtschaft stark abhängig von der saisonalen Verfügbarkeit von Wasser. Höhere Temperaturen sowie die Veränderung der Menge und jahreszeitlichen Verteilung von Niederschlägen werden aber in trockenen und halbtrockenen Regionen zu Wassermangel führen. Die Dürregefahr nimmt zu, weil Menge und Häufigkeit der Regenfälle zunehmend variieren.

Die erhöhte Wechselhaftigkeit von Niederschlägen, die vermehrt als Starkregen niedergehen, führt alljährlich zu lebensbedrohlichen Überschwemmungen. In Teilen Afrikas zeigen Modelle bis 2050 einen Rückgang der Getreideernte um bis zu 50 Prozent. Grundsätzlich gibt es bei den Projektionen der Niederschläge noch erhebliche Unsicherheiten, zum Teil sogar gegensätzliche Trends, was nicht das Problem schmälert, sondern die Anpassung an die neue Situation noch komplexer macht.

Die in Binnengletschern und den Polkappen gespeicherten Wassermengen werden ebenfalls vom Klimawandel beeinflusst. Zwar erhöhen abschmelzende Gletscher zunächst die verfügbare Wassermenge, nach dem Abschmelzen nimmt die Verfügbarkeit von Wasser jedoch dramatisch ab. Beispiele dafür finden sich unter anderem in den bolivianischen Anden, in denen die Fläche der Gletscher zwischen 1983 und 2006 um ein Drittel geschrumpft ist. Gepaart mit starkem Bevölkerungswachstum in La Paz kam es zwischen Staat und Bevölkerung bereits zu Auseinandersetzungen, weil sich aufgrund der Privatisierung der Wasserwirtschaft der Zugang zu Wasser für die lokale Bevölkerung durch hohe Preise zusätzlich verschlechtert hat.

Das Abschmelzen der Polkappen hat den Anstieg des Meeresspiegels zur Folge und führt zur Veränderung der Wasserqualität auf flachen Inseln und in Küstenregionen, in denen es zu einer Versalzung des Grundwassers und der landwirtschaftlichen Anbauflächen kommt.

Wasser als Menschenrecht

In der internationalen Politik ist die globale Wasserkrise ein unumstrittenes Thema, das sich von Jahr zu Jahr verschärft. Auf den enormen Handlungsbedarf wurde jedoch erst spät reagiert: Erst 2005 haben die Vereinten Nationen eine Wasserdekade mit dem Ziel ausgerufen, entsprechend den Millenniumsentwicklungszielen bis 2015 die Anzahl der Menschen ohne Zugang zu sauberem und bezahlbarem Trinkwasser und sanitärer Grundversorgung zu halbieren.[2]

Noch später, im Juli 2010, nahm man sich des Themas aus menschenrechtlicher Sicht an. Die Vollversammlung der Vereinten Nationen erkannte in einer Resolution das Recht auf Wasser und Sanitärversorgung explizit an. Der UN-Menschenrechtsrat hat diese Entscheidung im September 2010 in seiner Resolution bekräftigt.

Die Resolutionen sind allerdings völkerrechtlich nicht bindend, können also nicht direkt eingeklagt werden. Jedoch ist nun von einer großen Mehrheit der Staaten (keine Gegenstimmen, 41 Enthaltungen, 29 nicht anwesende Staaten) anerkannt, dass dieses Menschenrecht durch die Artikel 11 und 12 des Internationalen Pakts über wirtschaftliche, soziale und kulturelle Rechte (UN-Sozialpakt) festgeschrieben und somit zumindest für die Staaten bindend ist, die diesen Pakt ratifiziert haben. Ziel muss es daher sein, dass dieses Menschenrecht in den nationalen Rechtsordnungen aller Staaten verankert wird.

Doch ist auch ohne diese direkte Rechtsverbindlichkeit die menschenrechtliche Anerkennung von großer Wichtigkeit, da nun der Zugang zu Trinkwasser und

---

2 Millenniumsziel 7.C: "Halve, by 2015, the proportion of the population without sustainable access to safe drinking water and basic sanitation".

sanitärer Grundversorgung im menschenrechtlichen Rahmen diskutiert werden kann und staatliche Entscheidungen auf eine Verletzung dieses Menschenrechts hin geprüft werden können. Darüber hinaus bekräftigt und erweitert die Anerkennung dieses Menschenrechts das Millenniumsziel 7.C. Menschenrechte haben universelle Gültigkeit und müssen entsprechend umgesetzt werden.

Wasser- oder Landgrabbing?

Insbesondere in Afrika ist überdies zu beobachten, dass mehr und mehr ausländische Investoren Farmland aufkaufen. Allein 2009 sind nach Angaben der Weltbank auf diese Art 45 Millionen Hektar Land an ausländische Investoren veräußert worden. Die vier Hauptzielländer waren der Sudan, Mosambik, Liberia und Äthiopien. Der Hauptgrund für die Aufkäufe von Land war in diesen Fällen die Verfügbarkeit von Wasser. Mit dem Kauf des Bodens ist nämlich das Recht verbunden, das Wasser, das darin gebunden ist, quasi als kostenlose Dreingabe zu nutzen. Ein Problem für die traditionellen Nutzergruppen besteht darin, dass in einigen Fällen die Investoren durch besondere internationale Gesetzgebungen besser geschützt sind als die Nutzer auf dem gekauften Land. So ist oft eine nachträgliche Enteignung ohne Entschädigung verboten. Demgegenüber besteht ein unzureichender Schutz auf nationalstaatlicher Ebene, mit der Konsequenz, dass die Bevölkerung nicht mehr auf die lokalen Wasserressourcen zugreifen kann. Damit können nationale Ansprüche mittel- bis langfristig unterminiert und Entwicklungsbemühungen nationaler Regierungen untergraben werden. So wird auch das Recht auf Wasser ad absurdum geführt.

Dass aber Länder mit knappen oder bereits verbrauchten Wasserressourcen einen Teil ihres Wasserverbrauchs ins Ausland verlagern, um dort beispielsweise Getreide anbauen zu lassen oder Schnittblumen für den Export zu züchten, ist Teil ihrer oft verheerenden Anpassungsstrategie. Ein Weltbankbericht zitiert einen Investor mit den Worten, wenn ein Land eine Tonne Getreide importiert, würde es 1.300 Kubikmeter der eigenen Wasserressourcen sparen. Ökonomen sprechen hier von „virtuellem Wasser", das für Anbau und Herstellung von Gütern verwendet wird.

Virtueller Wasserhandel

In der Tat gilt virtueller Wasserhandel als eine mögliche Anpassungsstrategie zur Überwindung der Wasserkrise. Er basiert auf der Idee, dass wasserarme Länder ihren Bedarf an landwirtschaftlichen Produkten verstärkt durch Importe aus wasserreichen Ländern decken, anstatt selbst zu produzieren. Damit kommt es zu einer räumlichen Verlagerung der wasserintensiven landwirtschaftlichen Produktion. Durch diesen

gezielten Handel mit virtuellem Wasser sollen die unterschiedlichen Wasserverfüg-
barkeiten einzelner Länder ausgeglichen werden. Dies setzt aber voraus, dass die
Preise für Nahrungsmittel auf dem Weltmarkt durch Agrarsubventionen künstlich
niedrig gehalten werden, denn nur so bestünde für wasserarme Entwicklungsländer
ein Anreiz, Nahrungsmittel, statt sie selbst zu produzieren, zu importieren. Dass sich
Entwicklungsländer aber weiterhin von Importen abhängig machen, widerspricht
nationalen Armutsbekämpfungsstrategien, die auch wegen der damit verbundenen
Arbeitsplatzschaffung in der Regel auf einen Ausbau der eigenen landwirtschaftlichen Produktion setzen. Außerdem haben die Nahrungsmittelpreissteigerungen der
letzten Jahre gezeigt, dass die schwache Kaufkraft der Mehrheit der Bevölkerung in
Entwicklungsländern diese Erhöhungen nicht auffangen kann. Zudem wird insbesondere von der internationalen Zivilgesellschaft aus Gründen der Handelsgerech-
tigkeit eine Abschaffung eben dieser Agrarsubventionen gefordert.

Ein weiteres Argument gegen virtuellen Wasserhandel liegt in der Verödung des
landwirtschaftlichen Sektors. Gerade in Entwicklungsländern ist ein Großteil der
Bevölkerung in der Landwirtschaft tätig. Eine Auslagerung der Produktion hätte
Landflucht, steigende Arbeitslosigkeit und weitere Verstädterung zur Folge.

Für die armen Entwicklungsländer, deren Wirtschaft hauptsächlich auf Landwirtschaft beruht, ist der virtuelle Wasserhandel keine Lösung.

Klimaanpassung im Wassersektor

Um Wasserressourcen effektiv einzusparen und gleichzeitig den Anforderungen einer sinnvollen und nachhaltigen Armutsbekämpfung Rechnung zu tragen, müssen
andere Anpassungsmaßnahmen in Betracht gezogen werden. Die Welthungerhilfe
setzt in ihrer Projektarbeit Anpassungsmaßnahmen um und engagiert sich im Rahmen der Armutsbekämpfung auch im nachhaltigen Management von natürlichen
Ressourcen.

In wasserarmen Gebieten kann durch gezielten Ausbau der Wasserinfrastruktur
die Effizienz der Nutzung erheblich verbessert werden. Die Welthungerhilfe fördert
den Auf- und Ausbau von Infrastruktur zur Trinkwasserversorgung, Abwasserbe-
handlung, Brauchwasseraufbereitung und Bewässerung als weitere Bausteine der
Armutsbekämpfung. In den von Dürre geplagten Regionen Kenias engagiert sich die
Welthungerhilfe gezielt in der Grund- und Regenwassersammlung, im Flachbrun-
nenbau sowie dem Bau von Fels- und Dachregenfängen. Die Arbeit trägt nicht nur
zur Ernährungssicherung, sondern auch zur Verringerung der Verwundbarkeit gegenüber heutigen und zukünftigen Klimaschwankungen bei. Über die Zusammenarbeit mit staatlichen Strukturen und die gezielte Arbeit mit lokalen Bewässerungs-
komitees trägt die Welthungerhilfe zur Stärkung dieser Strukturen bei. Insgesamt

fördert die Welthungerhilfe 30 Projekte im Wassersektor mit einem Gesamtvolumen von 20 Millionen Euro.

Beispiel Felsregenfänge: Bei den sogenannten Felsregenfängen (*rock catchments*) macht man sich bestehende Felsen (oder Inselberge) mit unterschiedlicher Fläche zunutze. Der Niederschlag fällt auf die zuvor von Vegetation gereinigten Felsen und wird über Mauern am unteren Teil in ein am tiefsten Punkt gelegenes Sammelbecken geleitet. Dort fließt das Wasser durch einen Filter und ein Rohrsystem in Wassertanks (zumeist je 150 Kubikmeter). Von den Wassertanks wird das Wasser zu einem sogenannten „Wasserkiosk" geleitet. Dort wird es in von den Nutzern bereitgestellte Wasserkanister abgefüllt und gegen einen geringen Preis (zwei bis zehn Cent pro 20 Liter) verkauft. Dieser „Wasserpfennig" wird von den Wassernutzerkomitees verwaltet und für Investitionen, über die die Komitees selbst entscheiden, aber auch für fällige Reparaturen eingesetzt. Alle Wasserstrukturen werden von der Welthungerhilfe mit ausführlichen Trainings- und Sensibilisierungsmaßnahmen zur Wassernutzung und im Hygienebereich begleitet. Hierzu werden speziell ausgebildete Fachkräfte eingesetzt, aber auch Theatergruppen, die ausgewählte Problembereiche in kurzen Sketchen darstellen und problematisieren.

Beispiel Dachregenfänge: Das System der Dachregenfänge (*roof catchments*) funktioniert ähnlich wie die Felsregenfänge. Allerdings beschränkt sich das Wassereinzugsgebiet der Dachregenfänge auf Wellblechdächer unterschiedlicher Fläche, von denen das Wasser über Dachrinnen in Tanks geleitet wird, die meist 50 bis 150 Kubikmeter Wasser fassen. Dachregenfänge fördert die Welthungerhilfe zumeist an Schulen, an denen Wasser in der Regel von den Schülerinnen und Schülern selbst mitgebracht werden muss. Das durch Dachregenfänge gewonnene Wasser wird den Schülerinnen und Schülern sowie dem Lehrpersonal unentgeltlich zur Verfügung gestellt.

Um die Nachhaltigkeit der Infrastrukturmaßnahmen sicherzustellen, müssen diverse Prinzipien berücksichtigt werden. Ein entscheidender Faktor ist, dass die Nutzer die geschaffenen Strukturen als ihr Eigen betrachten und behandeln (*ownership*). Hierzu muss bereits bei der Auswahl der Standorte darauf geachtet werden, dass dies in partizipativen Entscheidungsprozessen geschieht. Die zentrale Rolle der Frauen, die zumeist für die Wasserversorgung der Familien verantwortlich sind, verdient bei den Entscheidungen besondere Beachtung. Auch beim anschließenden Bau der Wasserinfrastruktur ist im Hinblick auf das *ownership* die Beteiligung der Nutzer einzufordern und sicherzustellen. So werden je nach den vorhandenen Möglichkeiten beispielsweise Sand, Steine und insbesondere Arbeitskraft von den zukünftigen Nutzern zur Verfügung gestellt. Die geschulten Wassernutzerkomitees sind für das Management der geschaffenen Strukturen verantwortlich. Über die Einnahme des „Wasserpfennigs" steht Kapital zur Verfügung, das einerseits der Unterhaltung der Strukturen dient, andererseits auch für zusätzliche Investitionen in die Infrastruktur der Dorfgemeinschaft verwendet werden kann. Für die möglichen Reparaturen (an Fels- und Dachregenfängen, Brunnen, Pumpen etc.) wurden von der Welthungerhilfe auf Vorschlag der Dorfgemeinschaft Fachleute ausgebildet und einmalig mit dem notwendigen Werkzeug und Ersatztcilen ausgestattet. Mit den Nutzergruppen werden schriftliche Vereinbarungen getroffen, die die Verantwortlichkeiten nach der Übergabe der Strukturen an die Dorfgemeinschaft regeln.

Integrierte Bewässerungssysteme sind unabdingbar, um die Bedürfnisse sämtlicher Nutzer eines Wassereinzugsgebiets zu berücksichtigen. Die Welthungerhilfe verfolgt das Konzept des Integrierten Wasserressourcen-Managements mit dem Ziel einer nachhaltigen Bewirtschaftung der miteinander in Wechselwirkung stehenden oberirdischen Gewässer und Grundwasserleitern. Sie trägt zur sozialen und wirtschaftlichen Entwicklung und Erhaltung der Funktionsfähigkeit lebenswichtiger Ökosysteme bei.

Forderungen der Welthungerhilfe

Mit Blick auf die UN-Konferenz für nachhaltige Entwicklung 2012 in Rio de Janeiro (Rio+20) fordert die Welthungerhilfe:

1. Umsetzung des Rechts auf Wasser
Aus dem Recht auf Nahrung und neuerdings auch auf Wasser ergeben sich für die Staaten Verpflichtungen wie die Achtungs-, Schutz- und die Erfüllungspflicht sowie die Nichtdiskriminierung. Die Anerkennung als Menschenrecht ermöglicht den Menschen, sich auf diese Garantien zu berufen und diese einzufordern. Nationale Regierungen müssen im Rahmen der Hunger- und Armutsbekämpfung lokale, regionale und nationale Wassernutzungsstrategien zur Erfüllung dieser Rechte ausarbeiten und umsetzen. Dafür bedarf es kompetenter und durchsetzungsfähiger Institutionen, die frei von Korruption sind.

2. Stärkung institutioneller Rahmenbedingungen
Institutionelle und politische Rahmenbedingungen sind zentrale Bausteine für ein nachhaltiges Ressourcen- und Wassermanagement. Geber und nationale Regierungen müssen darauf achten, dass eine nachhaltige Wassernutzung garantiert ist, eine gerechte Verwendung der Wasserressourcen gefördert wird, Wassermanagement möglichst dezentralisiert wird und die Partizipation von Wassernutzern gegeben ist. Nutzungsrechte müssen geklärt und durchgesetzt werden. Neben dem Zugang zu Wasser müssen auch für den Einsatz wassersparender Technologien Anreize geschaffen werden, die wasserintensive Gebrauchs- und Ernährungsgewohnheiten ändern. Bei der Preisgestaltung muss darauf geachtet werden, dass die notwendigen

Regulierungen von einer Unterstützung der Armen begleitet werden. Verwiesen wird auf Modelle in Südafrika, bei denen eine Mindestmenge an Wasser kostenlos ist, um die Grundbedürfnisse zu befriedigen. Erst der darüber hinausgehende Bedarf ist kostenpflichtig.

3. Stärkung nachhaltiger Agrarkonzepte
Land- und Wassergrabbing bergen sozialen und ökologischen Konfliktstoff: Infolge der Landnahme bleibt häufig zu wenig Land übrig, um alle Bewohner der betroffenen Region zu beschäftigen und zu ernähren. Die Landwirtschaft, die auf der Grundlage von Landnahme praktiziert wird, ist nicht nachhaltig und trägt in armen Ländern auf Dauer nicht zur globalen Ernährungssicherheit bei. Der großflächige Anbau einzelner Kulturpflanzen unter hohem Einsatz von Düngemitteln und Pestiziden ist eine potenzielle Gefahr für die Biodiversität, die langfristige Fruchtbarkeit der Böden und den natürlichen Wasserhaushalt. Geber und nationale Regierungen müssen Agrarpolitiken umsetzen, die die heimischen Kleinbauern bei der Bekämpfung von Hunger und Armut einbinden und sozialen und ökologischen Kriterien entsprechen. Hierbei spielt die Multifunktionalität der Landwirtschaft eine große Rolle. Sie geht weit über die Lebensmittelproduktion hinaus und leistet wichtige Beiträge zum Erhalt der Existenzgrundlagen, unter anderem zum Schutz der Ressource Wasser. Die Bundesregierung und andere Geberländer müssen die Schwerpunkte der Armutsbekämpfung auf standortgerechte Landwirtschaft und ländliche Entwicklung legen.

Literatur

Fröhlich, C. (2006): Zur Rolle der Ressource Wasser in Konflikten. In: Aus Politik und Zeitgeschichte, 25/2006, 32–37.

Hoff, H.; Kundzewicz, Z. W. (2006): Süßwasservorräte und Klimawandel. In: Aus Politik und Zeitgeschichte, 25/2006, 14–19.

Lotze-Campen, H.; Edenhofer, O.; Reder, M.; Wallacher, J. (2010): Global aber gerecht. Klimawandel bekämpfen, Entwicklung ermöglichen. München.

United Nations World Water Assessment Programme (Hg.) (2009): Water in a changing world. The United Nations world water development report 3. Paris; London.

Weingärtner, L.; Trentmann, C. (2001): Handbuch Welternährung. Frankfurt am Main; New York.

HANS-JÜRGEN BEERFELTZ

Statement zu Podiumsdiskussion „Welthunger – global denken – lokal handeln"

Henry Kissinger versprach bei der *World Food Conference* 1974 in Rom, dass innerhalb eines Jahrzehnts kein Kind mehr hungrig ins Bett gehen müsse. Was ist Hunger? Hunger bedeutet, dass die Energiezufuhr eines Menschen dauerhaft – nicht an ein oder drei Tagen – unter dem Bedarfsminimum liegt, das für einen gesunden Körper notwendig ist. Im Jahr 2011 verursachten Hunger und Unterernährung immer noch 25.000 Tote – und das täglich!

Trotzdem wurde die Bekämpfung des Hungers von der Weltgemeinschaft vor der Preiskrise 2008 sträflich vernachlässigt. Im Gegenteil: Gerade auch wir in Deutschland haben mit unserer Agrarsubventionspolitik jahrzehntelang den Aufbau der Landwirtschaft in Entwicklungsländern aktiv verhindert und Entwicklungsgeld durch Subventionsgeld vernichtet.

Auch wenn der Welthungerindex 2010 im Vergleich zu 1990 von 19,8 Prozent auf 15,1 Prozent gesunken ist, sind wir beschämend weit von diesem Ziel entfernt. Weltweit leiden immer noch 925 Millionen Menschen Hunger.

Die Weltgemeinschaft steht also in der Verantwortung, das erste Millenniumsentwicklungsziel umzusetzen und den weltweiten Hunger zu halbieren. Der Bundesminister für wirtschaftliche Zusammenarbeit und Entwicklung, Dirk Niebel, ist sich dieser Verantwortung bewusst. Daher setzt er sich zum Beispiel nachdrücklich für faire internationale Handelsregeln und die Abschaffung der Agrarexportsubventionen ein und hat auf diesem Gebiet bereits viel erreicht.

„Handle nur nach derjenigen Maxime, durch die du zugleich wollen kannst, dass sie ein allgemeines Gesetz werde", lautet der kategorische Imperativ von Immanuel

Kant. Diese Regel ist auch Maxime der deutschen Entwicklungspolitik. Es ist uns eine ethische Pflicht, nachhaltig den Welthunger im Rahmen unserer Entwicklungszusammenarbeit zu bekämpfen und dabei den Herausforderungen der Ressourcenknappheit, des Erhalts der Umwelt und des Klimawandels gerecht zu werden.

Kant hat in Beziehungen zwischen Menschen sowie zwischen Menschen und Gesellschaft gedacht. Nachhaltigkeit heißt heute, auch in der Beziehung von Mensch und Zukunft sowie Mensch und Natur zu denken. Aber eben auch nicht vordergründig und einseitig: Spekulanten von Nahrungsmittelbörsen verursachen weltweit Hungerprobleme, aber sie generieren auch Preisstabilität und bringen manchen Kleinbauern aus der Stadt zurück aufs Land, weil es sich lohnt, Nahrungsmittel zu produzieren und für Monate im Voraus eine sichere Gewinnerwartung zu haben.

Nachhaltigkeit und Verantwortungsbewusstsein müssen die Grundlage all unseren Handelns sein. Den uns nachfolgenden Generationen durch nachhaltige wirtschaftliche Entwicklung eine Zukunft zu bieten, liegt in unserem ureigensten Interesse.

Wirtschaft und zivilgesellschaftliches Engagement waren viel zu lange Gegensätze. Runter von den hohen Rössern! Die deutsche Entwicklungspolitik konzentriert sich mehr denn je auf die Schlüsselsektoren gute Regierungsführung, Bildung, Gesundheit, ländliche Entwicklung, Klima-, Umwelt- und Ressourcenschutz sowie nachhaltige Wirtschaftsentwicklung. Aktivitäten auf all diesen Schlüsselsektoren tragen dazu bei, den weltweiten Hunger in einer nachhaltigen Weise zu verringern, die gleichzeitig die Ressourcen und das Klima für zukünftige Generationen schont. Füttern war gestern! Wir wollen langfristige Ernährungssicherheit. Jeder Suppenschüsselsozialismus hat Menschen eben nicht aus Abhängigkeit befreit, sondern in Abhängigkeit gehalten. Erfolgreiche Entwicklungszusammenarbeit darf deshalb nicht karitativ sein, sondern ein Instrument in eine bessere Zukunft für die Menschen in unseren Partnerländern und auch für uns in Deutschland. Die Dichotomie von Geberländern und Nehmerländern war schon immer falsch. Sie war eitel. Erfolgreiche Entwicklungspolitik darf sich nicht als Weltsozialamt oder Armutsministerium verstehen. Wir organisieren den Rahmen für neue Chancen – weltweit. Aus diesem Grund haben wir die Reform der staatlichen Entwicklungshilfe in Deutschland durchgeführt und nicht, um drei Euro zu sparen. Unsere neue deutsche Entwicklungspolitik ist globale Zukunftspolitik.

Um unserer Verantwortung gerecht zu werden, müssen wir diese drängenden Fragen aber auch noch viel stärker in unserer Gesellschaft verankern und die Entwicklungspolitik in die Mitte der Gesellschaft tragen.

Auch dies ist ein wichtiges Ziel unserer erfolgreichen Reform der technischen Zusammenarbeit, der Vereinigung zur Deutschen Gesellschaft für Internationale Zusammenarbeit, mit der wir näher an die Menschen rücken und das zivilgesellschaftliche Engagement stärken wollen. Angefangen bei unserem großen Gipfel

„Engagement fairbindet" im Jahr 2010 möchten wir in einen dauerhaften Austausch mit der Zivilgesellschaft treten, um das Bewusstsein der Bürger für globale Probleme zu schärfen. Wir werden mit der Servicestelle für bürgerschaftliches Engagement eine Anlaufstelle für die Zivilgesellschaft schaffen und Nichtregierungsorganisationen wie Ziviler Friedensdienst, weltwärts, Senior Experten Service und Kommunen in der Einen Welt in dieser einzigartigen Servicestelle bündeln.

Die Ernährung der Weltbevölkerung steht im Mittelpunkt unserer Entwicklungszusammenarbeit. Wir nehmen in Krisen, Konflikten und Katastrophen unsere Verantwortung sehr ernst. Deutschland gehört zu den zehn größten Geberländern weltweit im Welternährungsprogramm und der Internationalen Nahrungsmittelhilfekonvention.

Die Förderung der ländlichen Entwicklung ist für uns ein Schlüssel zur Bekämpfung von Hunger und Armut. Wir investieren 200 Millionen Euro mehr pro Jahr in diesen Sektor. Wir verbessern Nachhaltigkeit und Effizienz bei der Förderung der ländlichen Entwicklung. Wir stellen sicher, dass die Produktion von Biokraftstoffen ökologisch nachhaltig verläuft und somit in unseren Partnerländern zur Ernährungssicherung und Armutsreduktion beiträgt und diese nicht konterkariert.

Um den weltweiten Hunger international schlagkräftig zu bekämpfen, müssen wir aber auch globales Agieren mit lokalen Lösungsansätzen kombinieren. Unsere Entwicklungspolitik steht dabei für Werte, die uns wichtig sind: Freiheit, fairer Lohn, faire Arbeitsbedingungen und der Schutz der Umwelt. Werte, die nachhaltig für Frieden und Gerechtigkeit wirken. Deshalb sind steigende Nahrungsmittelpreise für uns kein Horror, sondern eher ein Segen, sowohl bei uns in Deutschland als auch in unseren Partnerländern. Es ist unanständig, wenn wir in Deutschland ein tiefgekühltes Hähnchen für 99 Cent kaufen können, und es ist ein Verbrechen, wenn ein Kleinbauer in Subsahara-Afrika trotz Tag- und Nachtarbeit keine Chance hat, von seiner Hirseernte leben zu können.

Es gibt theoretisch genug Nahrung. Sie ist jedoch nicht gerecht verteilt. Viele Menschen haben keinen Zugang zu Nahrung. Wir können den Hunger nur gemeinsam bekämpfen, indem wir die Menschen vor Ort in die Lage versetzen, Nahrung zu produzieren und/oder Einkommen zu erwirtschaften, um Nahrung kaufen zu können. Daher fließen 90 Prozent unserer Leistungen im Bereich der ländlichen Entwicklung in bilaterale Programme. Damit gewährleisten wir, dass wir möglichst nah an den Menschen sind. Auch das ist ein Teil der Reform der technischen Zusammenarbeit. Wir wollen weg von Großprojekten, wir wollen regionaler werden, dezentraler, konkrete Projekte realisieren und bilateral erfolgreich zusammenarbeiten. Infrastruktur ist wichtig, aber nicht wir wollen Straßen bauen, sondern wir möchten die Menschen in unseren Partnerländern befähigen, selber Straßen zu bauen.

Die Entwicklungspolitik alleine kann jedoch das Ziel der Ernährungssicherung nicht erreichen. Wir brauchen starke Partner und zukunftsfähige Lösungen, zum

Beispiel in der Verpackungsindustrie, die Nahrung sichern und auf diese Weise dem steigenden Bedarf gerecht werden. Daher setzen wir hier ganz explizit auf privatwirtschaftliches und zivilgesellschaftliches Engagement. Nicht zuletzt im Rahmen des *World Economic Forum* hat sich die Privatwirtschaft dazu bekannt, aktiv an der Bekämpfung des weltweiten Hungers mitzuarbeiten. Dabei will ich bewusst auch Kritik äußern an denen, die wir in Deutschland wegen wachsender Wirtschaftskraft gern bewundern, den Schwellenländern China und Indien. Denn zwei Drittel aller Hungernden weltweit leben dort, und die eigenen Ressourcen werden zu wenig eingesetzt, um das zu ändern.

Günther Grass' drastischen, aber richtigen Worten „Auch Hunger ist Krieg!" kann ich nur hinzufügen, dass ich es als unsere gemeinsame Aufgabe und Verantwortung ansehe, diesen Krieg zu beenden.

ROBIN ROTH

Statement zu Podiumsdiskussion „Welthunger – global denken – lokal handeln"

Die Wege, auf denen Nahrung auf unseren Tisch kommt, sind komplex, intransparent und grundsätzlich so strukturiert, dass jeder von ihnen profitiert, außer dem Erzeuger selbst. Sie werden von wenigen riesigen Unternehmen beherrscht und der größte Gewinn wird durch günstige Rohstoffe erzielt, die zu höherwertigen Waren weiterverarbeitet werden. Gesetzliche Bestimmungen belohnen tendenziell nicht diejenigen, die die Nahrungsmittel erzeugen, sondern diejenigen, die diese weiterverarbeiten. Tatsächlich bekommen diejenigen, die anbauen und ernten, am wenigsten für ihre beträchtlichen Anstrengungen und bilden damit den am wenigsten erfolgreichen Teil der gesamten Nahrungsmittelkette. Das gilt für die Erzeuger in Deutschland und Europa, ganz besonders aber für die Bauern in Entwicklungsländern.

Handel ist von Natur aus ungerecht: Eine Ware ist entweder zu knapp oder im Übermaß vorhanden. In Abhängigkeit von der Ernte, der Nachfrage oder der relativen Knappheit des Produkts gibt entweder der Käufer den Preis vor (das übliche Szenario) oder der Käufer ist dem Preisdiktat des Erzeugers ausgeliefert (selten, aber nicht unbekannt). Profit verträgt sich nicht mit Unsicherheit, sodass alles getan wird, um diese zu beseitigen. Dies hat zu vertikalen Versorgungsketten geführt, in denen sich die wichtigsten Akteure der Nahrungsmittelindustrie ihre Rohstoffe vorab sichern und diese zu einem solcherart veränderten Endprodukt verarbeiten, dass Konsumenten animiert werden, hohe Preise für gut vermarktete Produkte zu bezahlen, obwohl der ursprüngliche Rohstoff im Vergleich dazu günstig und vom Steuerzahler oftmals subventioniert ist. Die Weiterverarbeitung steigert kaum den

Nährwert eines Produkts, macht es aber grundsätzlich teurer. Dieses System der Nahrungsmittelproduktion ist stark subventioniert, äußerst ineffizient und strukturell abhängig von hohen Mengen an Zusatzstoffen. Für den Profit ist das egal; es zählt nur die Bilanz.

Ein wichtiger Teil des „Erfolgs" dieses Systems ist das Einverständnis sowohl des Herstellers als auch des Verbrauchers mit dem System. Der eine muss das Produkt günstig bereitstellen, der andere muss das Endprodukt kaufen und darf nicht zu sehr darüber nachdenken, wo das Nahrungsmittel herkommt. Schon allein angesichts der Größe der in der Nahrungsmittelproduktion tätigen Unternehmen ist es für die Erzeuger schwierig, erfolgreich Widerstand zu leisten.

Mit Konsumenten hingegen verhält es sich anders: Manche denken ausdrücklich über die Nahrung nach, die sie essen; sie treffen sogar bewusste Entscheidungen darüber, was und wo sie einkaufen. Für manche muss es Bioqualität sein, für andere ist es wichtig, dass ihr Essen lokal produziert wurde; wieder andere essen kein Fleisch oder keine Milcherzeugnisse und für manche ist die ethische oder „faire" Art der Produktion und Bezahlung wichtig. Die Nahrungsmittelunternehmen verzweifeln an solchen Konsumenten und investieren astronomische Summen, um sicherzustellen, dass die meisten Konsumenten einfach das kaufen, wovon sie wollen, dass diese es kaufen.

Eine Veränderung der Art und Weise des Handels, eine Gewährleistung, dass Erzeuger gerecht bezahlt werden und so in der Lage sind, in ihre Zukunft zu investieren, kann nur erreicht werden, wenn Konsumenten aufhören, sich wie Konsumenten zu verhalten, und sich stattdessen in erster Linie als Bürger begreifen. Bürger tragen Verantwortung; sie handeln auf der Grundlage informierter Entscheidungen, stellen unangenehme Fragen und reagieren nicht instinktiv auf das von den Unternehmen gesteuerte Marketing.

Es gibt Antworten auf die Fragen, die mit der Nahrungsmittelversorgung verbunden sind; aber diese Antworten werden wahrscheinlich nicht von der Nahrungsmittelindustrie gegeben, ebenso wenig von deren Lobbyisten oder den gesetzlichen Rahmenbedingungen, die größtenteils auf Geheiß der Nahrungsmittelindustrie und zu deren Vorteil geschaffen wurden. Die Antworten werden von den Bürgern kommen, die darauf bestehen, „fair", aus biologisch kontrolliertem und lokalem Anbau zu kaufen. Die Rolle der Bio- und Fairtrade-Unternehmen, die anders als herkömmliche Unternehmen und transparent handeln, ist wichtig, um die Art und Weise unseres Konsums zu verändern, aber noch entscheidender ist eine engere Verbindung zwischen Konsumenten und Erzeugern. Für Integrität gibt es weder ein Label noch Marketingkampagnen oder Subventionen. Die Verantwortung für einen ernsthaften, mäßigen und gesunden Konsum liegt bei Ihnen.

Es mag Sie ermutigen, dass die bedeutendste Variable auf dem Markt, um die sich die internationalen Nahrungsmittelunternehmen wirklich sorgen, Sie selbst sind und das, was Sie mit Ihrem Einkommen tun. Das verhilft Ihnen zu einer einzigartigen Machtposition. Es ist Zeit, diesen Einfluss auszuüben: Denken! Entscheiden! Handeln!

WOLFGANG HUBER

Fazit

Welche Anregungen und Impulse können von der Jahrestagung ausgehen, die der Deutsche Ethikrat dem Thema der Welternährung gewidmet hat? Ein Fazit dieser reichhaltigen und vielschichtigen Erörterung eines zentralen Problems der Weltentwicklung kann nur subjektiv sein; es handelt sich im Folgenden also nicht um Folgerungen des Deutschen Ethikrates, sondern um ein persönliches Resümee.

1. Essen und Trinken gehören zu den Grundbedürfnissen jedes Menschen; das Recht auf Nahrung ist deshalb ein elementares Menschenrecht. Die Welternährung ist zugleich ein Schlüsselproblem nachhaltiger Entwicklung. Das Thema verbindet sich mit weiteren derartigen Schlüsselthemen. Insbesondere ist es von großer Bedeutung für den globalen Klimawandel; mehr als ein Drittel der Treibhausgase kommen aus der Landwirtschaft.

2. Der weltweite Hunger hat ein Ausmaß angenommen, das zur Resignation verleitet. Die grüne Revolution weckte die Hoffnung, dass der weltweite Hunger mit den Mitteln der Gentechnologie überwunden werden könne; das trat nicht ein. Die Ernährungs- und Landwirtschaftsorganisation der Vereinten Nationen kündigte 1996 die Halbierung der Zahl der Hungernden bis zum Jahr 2015 an; stattdessen nahm die Zahl der chronisch hungrigen Glieder der Weltgemeinschaft zu. Zugleich wurden die Ziele herabgesetzt: Nun sprechen die UN-Millenniumsentwicklungsziele nur noch von einer Halbierung des *Anteils* der Hungernden an der Bevölkerung der Entwicklungsländer. Doch auch die Verwirklichung dieses Ziel liegt in weiter Ferne.

3. Dennoch ist die Resignation ungerechtfertigt. Auf der Erde werden genug Nahrungsmittel hergestellt. Pro Kopf der Weltbevölkerung entspricht die derzeitige

landwirtschaftliche Produktion pro Tag 4.600 Kalorien. Das könnte sogar für 14,5 Milliarden Menschen reichen. Freilich wäre das nur dann der Fall, wenn sich nicht ein großer Teil dieser Kalorien in Futtermitteln fände, wenn nicht ein so großer Anteil der Lebensmittel weggeworfen würde und wenn die verfügbaren Nahrungsmittel gerecht verteilt würden.

4. Lösungen müssen holistisch ansetzen. Es sind viele Dimensionen in den Blick zu nehmen, zu denen verantwortungsbewusste Regierungsführung in den Entwicklungsländern ebenso gehört wie eine nicht protektionistische Landwirtschaftspolitik in den reichen Ländern. Machtzusammenballungen bei wenigen Agrokonzernen schwächen die Handlungsfähigkeit der lokalen ländlichen Bevölkerung und wirken sich deshalb kontraproduktiv aus. Die Landwirtschaft ist auf Rahmenbedingungen angewiesen, die Kleinbauern und kleineren Betrieben angemessene Chancen geben. Dabei ist zu bedenken, dass landwirtschaftliche Produkte nicht bloß Waren, sondern zu allererst Lebensmittel sind.

5. Etwa die Hälfte der Hungernden sind Kleinbauern, ein knappes Viertel sind Landlose. Nicht nur an der Nahrungsmittelproduktion, sondern auch am Hunger haben Frauen in überproportionalem Maß Anteil. Ein Schlüssel zur Überwindung des Hungers liegt infolgedessen in der Entwicklung der ländlichen Regionen selbst, in der Stärkung der ländlichen Bevölkerung, in der Förderung von ländlichen Strukturen, die über die reine Subsistenz hinaus auch zu wirtschaftlichen Erträgen befähigen. Ökologische und damit auch lokal angepasste Landwirtschaft ist dafür der vorzugswürdige Weg. Die Verbindung von Landwirtschaft und Bildung ist von großer Bedeutung.

6. Das Thema ist global und doch nah bei jeder und jedem Einzelnen. Über nichts entscheiden wir häufiger als darüber, was wir essen. Die Demokratie des Einkaufskorbs ist keine abstrakte Idee. Deshalb stellt sich nicht die Alternative zwischen persönlicher Verantwortung und globalen Strukturen. Denn diese werden durch das Verhalten vieler Einzelner mitgeprägt. Partnerschaften zwischen Schulen, zivilgesellschaftlichen Organisationen oder Kirchen können die Wahrnehmung der Lebenssituation im Armutsgürtel der Erde stärken. Entwicklungshilfeorganisationen können Mittel gezielt im Sinn der Hilfe zur Selbsthilfe einsetzen. Staatliche Entwicklungspolitik kann das erste Millenniumsentwicklungsziel tatsächlich zur ersten Priorität machen. Das bedeutet zugleich, dass das Nötige gegen entwicklungshemmende Monopolbildungen, für faire Handelsbedingungen und für verantwortungsbewusste Regierungsführung getan wird.

7. Eine Milliarde Menschen hungern. Das Thema ist groß; die Herausforderung ist gewaltig. Trotzdem bleibt als Ergebnis dieser intensiven Diskussion haften, dass der Hunger auf der Erde zum Ende kommen kann – wenn die Zahl der Menschen wächst, die ihn wichtig nehmen.

Autorinnen und Autoren

Hans-Jürgen Beerfeltz, geb. 1951, seit 2009 Staatssekretär im Bundesministerium für wirtschaftliche Zusammenarbeit und Entwicklung.

Martin Bröckelmann-Simon, geb. 1957, Dr. rer. soc., seit 1999 Geschäftsführer und Vorstand Internationale Zusammenarbeit des Bischöflichen Hilfswerks Misereor e. V., Vorstandsmitglied der Katholischen Zentralstelle für Entwicklungshilfe e. V.

Bernhard Emunds, geb. 1962, Prof. Dr. rer. pol., seit 2006 Professor für Christliche Gesellschaftsethik und Sozialphilosophie an der Philosophisch-Theologischen Hochschule Sankt Georgen in Frankfurt am Main und Leiter des Oswald von Nell-Breuning-Instituts.

Cornelia Füllkrug-Weitzel, geb. 1955, seit 2011 Vizepräsidentin des Diakonischen Werkes der Evangelischen Kirche in Deutschland, seit 2000 Vorstand Ökumenische Diakonie, Direktorin von „Brot für die Welt" und Diakonie Katastrophenhilfe.

Kurt Gerhardt, geb. 1942, von 1978 bis 2007 Korrespondent im WDR-Hörfunk, ehemaliger Landesbeauftragter des Deutschen Entwicklungsdienstes in Niger, Mitinitiator des Bonner Aufrufs „Eine andere Entwicklungspolitik!".

Franz Heidhues, geb. 1939, Prof. Dr. rer. pol. Dr. h. c., 1982 bis 2005 Professor für Entwicklungstheorie und ländliche Entwicklungspolitik an der Universität Hohenheim, ehemaliger Vorstand der Deutschen Welthungerhilfe.

Jörg Heinrich, geb. 1959, seit 2000 Länderreferent bei der Deutschen Welthungerhilfe, stellvertretender Regionalgruppenleiter Ost- und südliches Afrika.

Hans Rudolf Herren, geb. 1947, Dr. sc. nat. Ing. agr., seit 2005 Präsident des Millennium-Instituts in Washington, Stiftungsratspräsident von Biovision.

Wolfgang Huber, geb. 1942, Prof. Dr. theol. Dr. h. c., 1980 bis 1984 Professor für Sozialethik an der Universität Marburg, 1984 bis 1994 Professor für Systematische Theologie (Ethik) an der Universität Heidelberg, 1994 bis 2009 Bischof der Evangelischen Kirche Berlin-Brandenburg-schlesische Oberlausitz, 2003 bis 2009 Vorsitzender des Rates der Evangelischen Kirche in Deutschland, seit 1995 Honorarprofessor der Humboldt-Universität zu Berlin und der Universität Heidelberg, seit 2010 Mitglied des Deutschen Ethikrates.

Thomas Pogge, geb. 1953, Prof. Dr., seit 2008 Professor für Philosophie und Internationale Angelegenheiten an der Yale-Universität, seit 2007 Forschungsdirektor am Centre for the Study of Mind in Nature an der Universität Oslo.

Christa Randzio-Plath, geb. 1940, Prof. Dr. h. c., Rechtsanwältin, seit 2005 Dozentin an der Universität Hamburg, Vorsitzende des Marie-Schlei-Vereins, 2004 bis 2010 Beraterin der Europäischen Kommission, 1989 bis 2004 Mitglied des Europäischen Parlaments.

Robin Roth, geb. 1966, seit 2008 Geschäftsführer der Gesellschaft zur Förderung der Partnerschaft mit der Dritten Welt (GEPA).

Eberhard Schockenhoff, geb. 1953, Prof. Dr. theol., 1990 bis 1994 Professor für Moraltheologie an der Universität Regensburg, seit 1994 Professor für Moraltheologie an der Albert-Ludwigs-Universität Freiburg, 2001 bis 2007 Mitglied des Nationalen Ethikrates (stellvertretender Vorsitzender von 2005 bis 2007), seit 2008 Mitglied des Deutschen Ethikrates (stellvertretender Vorsitzender von 2008 bis 2012).

Vandana Shiva, geb. 1952, Dr., Gründerin von Navdanya, Präsidentin der International Commission on the Future of Food and Agriculture, Vorstandsmitglied des International Forum on Globalization, Trägerin des Alternativen Nobelpreises.

Abbildungsnachweis